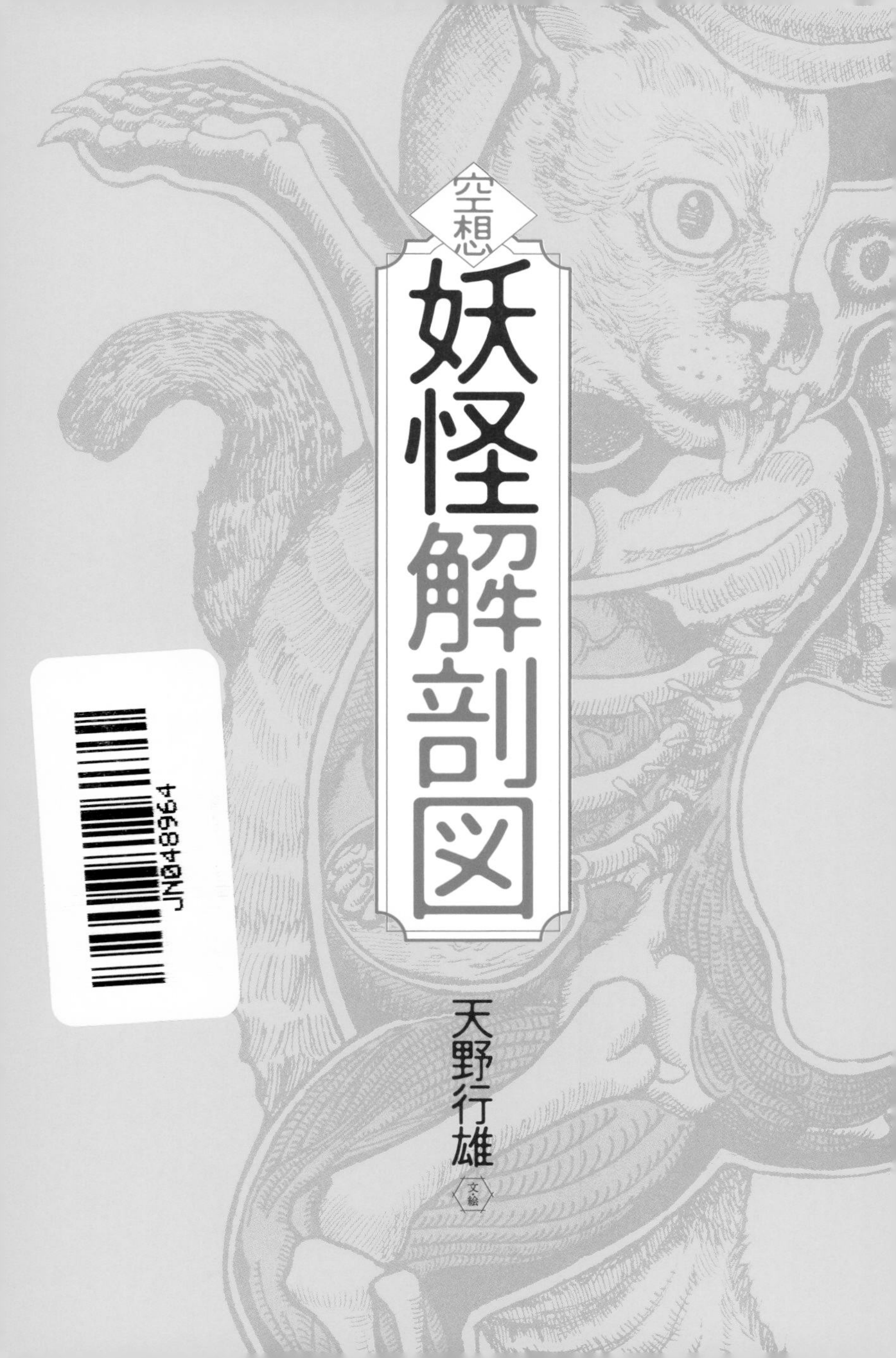

空想

妖怪解剖図

天野行雄
文・絵

JN0489964

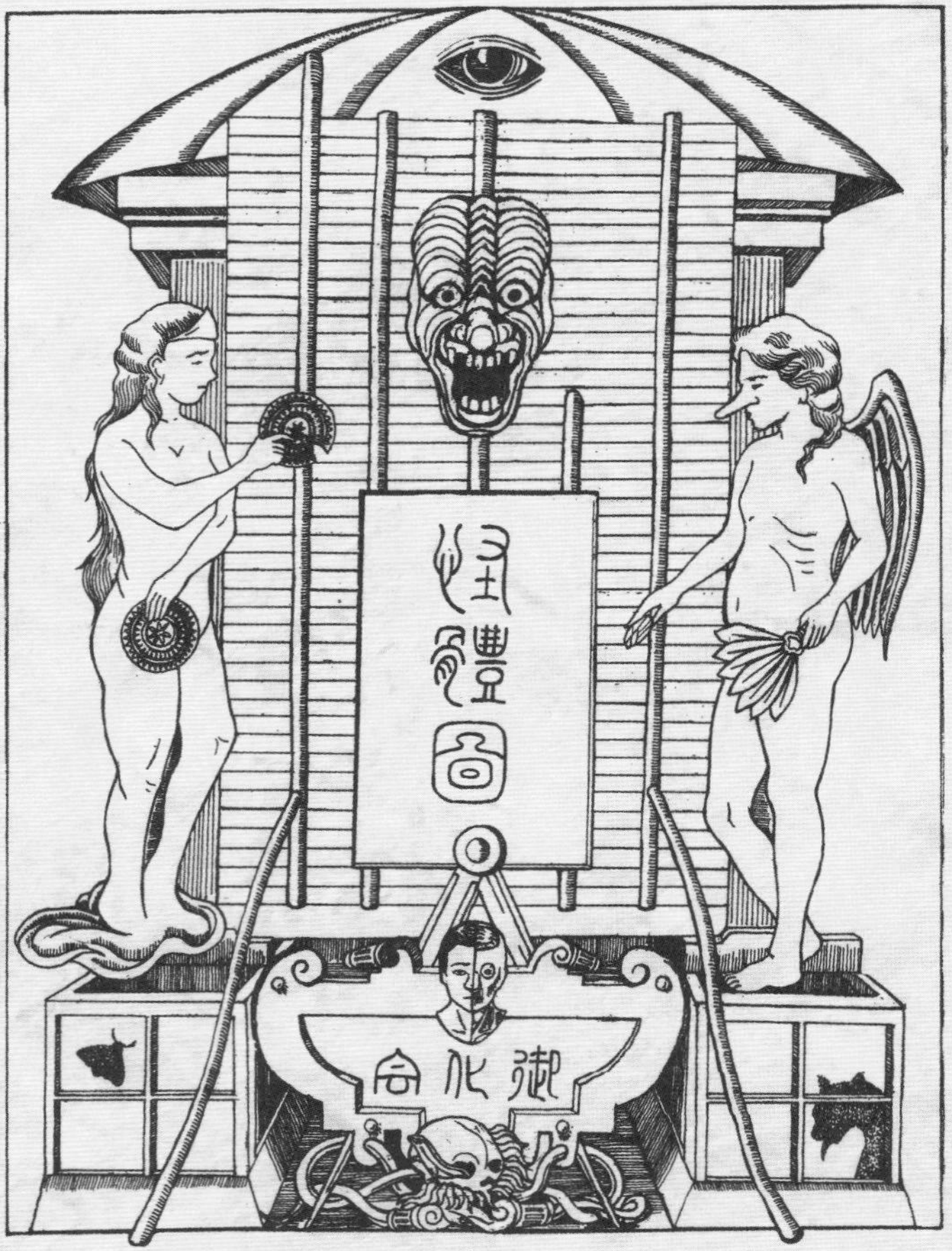

はじめに

◇◇◇

みなさん、こんばんは。

私は日本各地に生息する様々な妖怪《ようかい》を紹介することで、お客様にこの国を裏《うら》側から覗《のぞ》いていただくご案内をしている観光会社「日本物怪《もののけ》観光」代表の天野行雄《あまのゆきお》と申します。

我が日本物怪観光では、お客様に喜んでいただくために、日々、面白い妖怪の情報を集めているのですが、ある時、私は不思議《ふしぎ》な本を発見しました。

それは、古びた商店街にある古書店《こしょてん》の目録《もくろく》に載《の》っていた、『怪体新書《かいたいしんしょ》』という大正時代に作られた書物でした。

茨城県北条町《いばらきけんほうじょうまち》（現つくば市）の外科医《げかい》・野田元三《のだげんぞう》なる人物が描き記したと伝えられる解《かい》剖図集《ぼうずしゅう》で、一見、人間の身体に関する医学書かと思われましたが、そこに描《えが》かれていたのは、なんと妖怪の身体を解剖した図だったのです。

外科医・野田元三

野田元三は優《すぐ》れた外科医として、地域《ちいき》住民の治療《ちりょう》をする傍《かたわ》ら、未知の生物の生態について独自に研究をしていました。そのきっかけとなったのは、同じく医者であった野田の祖父・元斎《げんさい》が遺《のこ》した妖怪に関する膨大《ぼうだい》な資料だったといいます。

野田元斎は筑波郡北条内町《つくばぐんほうじょううちまち》の町医者でしたが、ある日、妖怪と遭遇《そうぐう》したそうです。その目撃談《もくげきだん》は瓦版（昔の新聞のようなもの）にも載り、一部で話題になりました。元斎は妖怪の存在を確信していましたが、そのことに否定的な人たちにより、奇人《きじん》扱いされてしまいます。以来、彼は妖怪のことは一切口にしなくなり、晩年は人との交流を避《さ》け、部屋にこもって何かしらの研究に没《ぼっ》頭《とう》していたといいます。その研究こそ、元斎が目撃した妖怪についてのものでした。

家業《かぎょう》である医者の仕事を継《つ》いだ孫の元三は、ある日、研究室に残された祖父の膨大な資料を発見します。

自身も不思議な物を目にすることが多かったという彼は、祖父の想いを引き継ぐ形でさらに研究を進め、その集大成としてまとめられたのが、この妖怪解剖図『怪体新書』だったのです。

私家版《しかばん》として少数だけ刷られたとされるこの本は、そのあまりに奇妙な内容のため、元三のユーモアの産物とみなされたようです。家族すら真面目《まじめ》に取り合わず、元三の死後、彼の遺《い》品《ひん》とともに処分されたと思われていました。

私が偶然発見したのは、その奇跡の一冊なのです。

一部の妖怪好きたちの間では度々話題に上りましたが、実際に目にした人すらいな

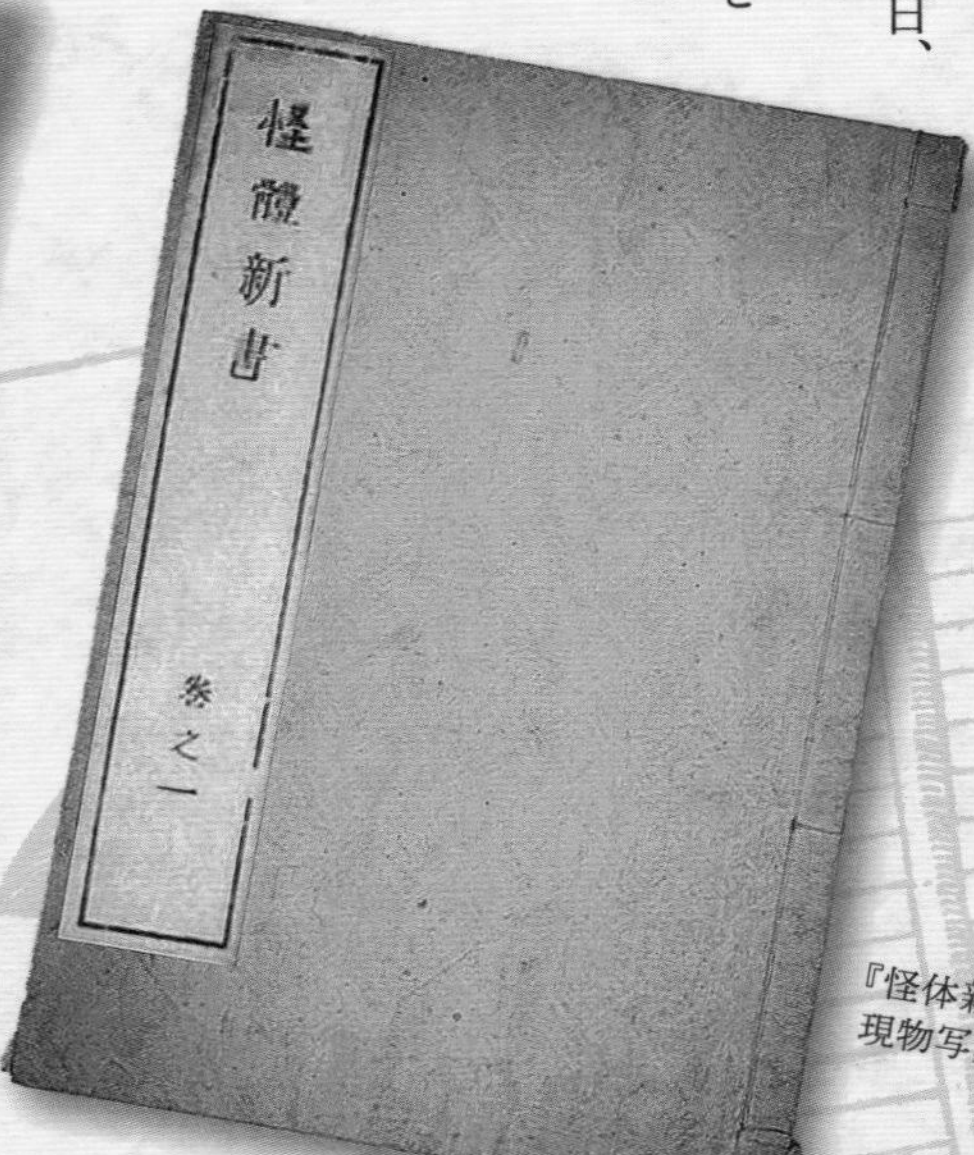

『怪体新書』
現物写真・表紙

『怪体新書』
現物写真・中面

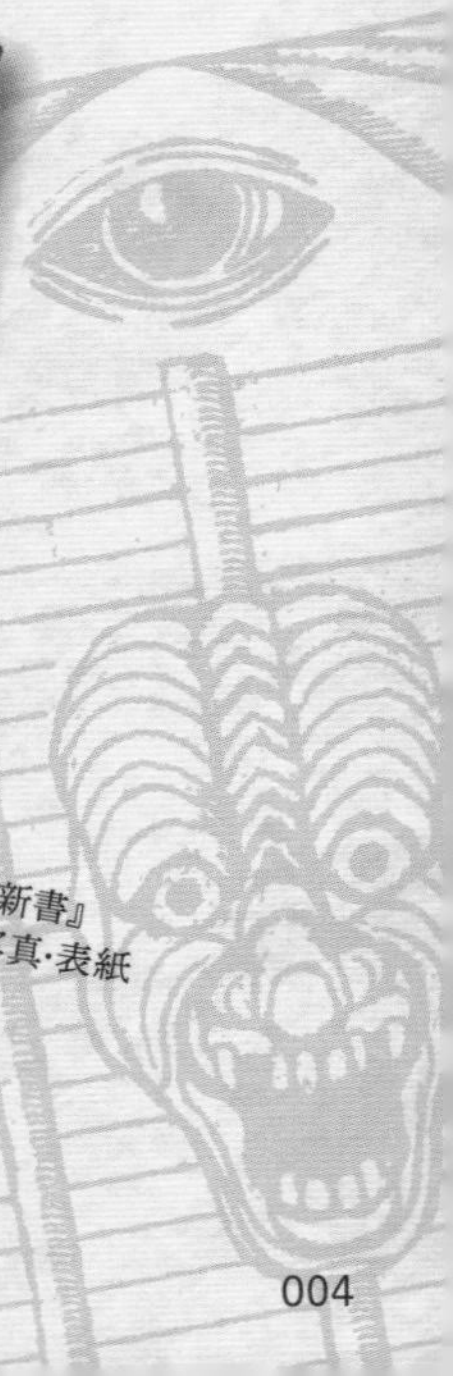

かったため、その存在自体を幻とされ、半ば都市《とし》伝説《でんせつ》と化していました。

本書は、その葬《ほうむ》り去られた『怪体新書』の内容をより多くの方に知っていただきたく、我々日本物怪観光が所蔵《しょぞう》している妖怪のデータと解説を加えたものです。

奇跡的に世に出ることになった、世紀の奇書。荒唐《こうとう》無稽《むけい》な内容故《ゆえ》、そんなバカなと笑う方もいるでしょう。しかし、これが実際に妖怪と遭遇し、触《ふ》れることができた人物が残した記録だとしたら？

◇◇◇

そこに記された摩訶不思議《まかふしぎ》な情報の数々を、信じるも信じないもあなた次第なのです。

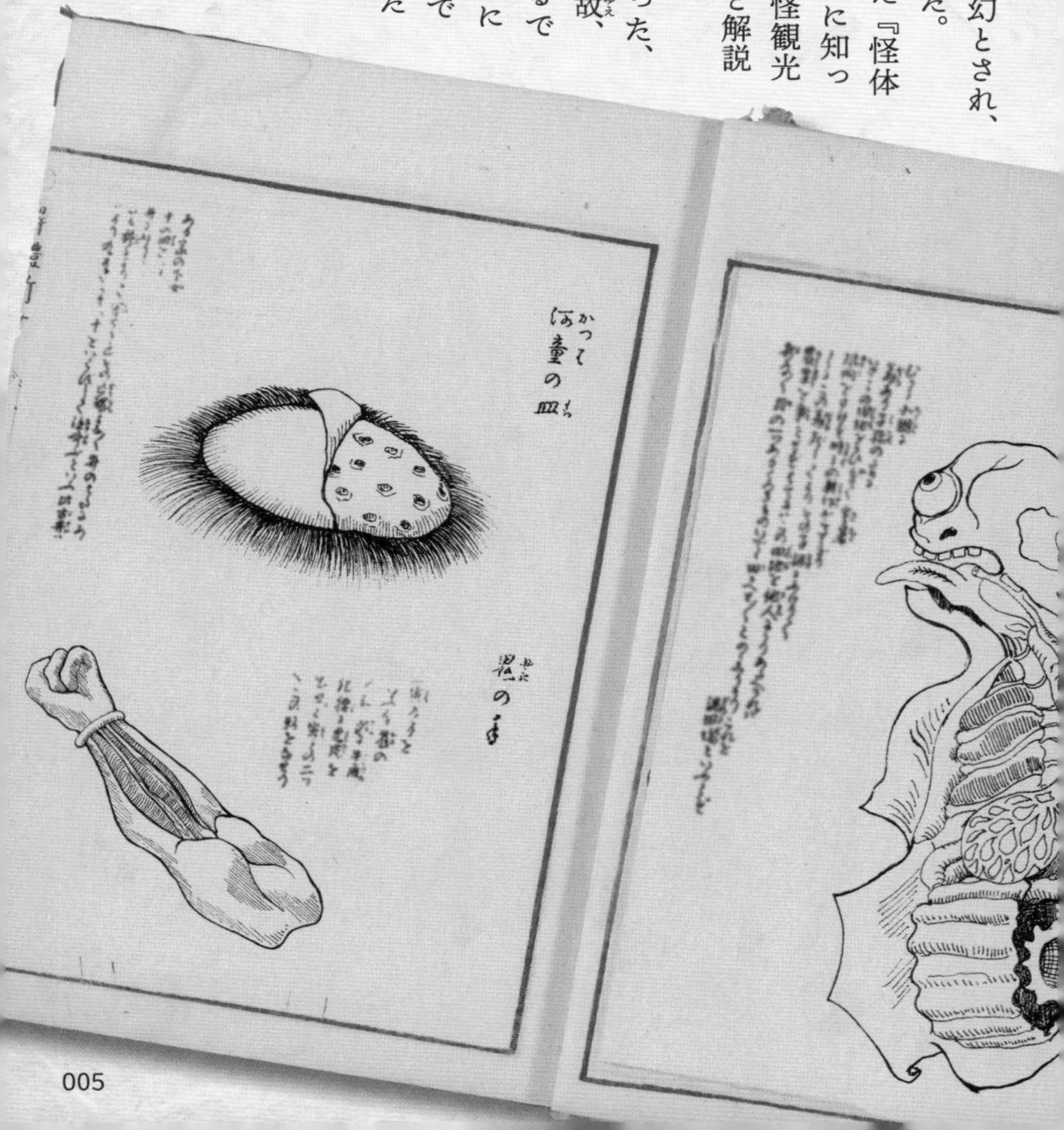

水辺の妖怪
海難《かいなん》妖怪《ようかい》 海坊主《うみぼうず》▼028
コピー妖怪《ようかい》 アマビエ▼040
機織《はたおり》妖怪《ようかい》 女郎蜘蛛《じょろうぐも》▶036
水棲人《すいせいじん》 人魚《にんぎょ》▼024

はじめに 002
怪音《かいおん》妖怪《ようかい》 小豆洗《あずきあら》い▼018
水棲《すいせい》妖怪《ようかい》 河童《かっぱ》▼022
幻覚《げんかく》妖怪《ようかい》 蜃《しん》▼030
凶悪《きょうあく》妖怪《ようかい》 牛鬼《うしおに》▼034
妖怪ってなに? 042

山の妖怪

灼熱妖怪《しゃくねつようかい》 魃《ひでりがみ》▶062
度《た》り妖怪《ようかい》 山童《やまわろ》▶044
一眼一足妖怪《いちがんいっそくようかい》 一本《いっぽん》だたら▶054
魔道妖怪《まどうようかい》 天狗《てんぐ》▶066
加重妖怪《かじゅうようかい》 子泣《こな》き爺《じじい》▶048

冷《れい》凍《とう》妖《よう》怪《かい》 雪《ゆき》女《おんな》▶060
大《おお》食《ぐ》い妖《よう》怪《かい》 わいら▼056
獄《ごく》卒《そつ》妖《よう》怪《かい》 鬼《おに》▼050
妖怪と幽霊は違うの? 068

通《とお》せんぼ妖《よう》怪《かい》 ぬりかべ▶076
巨《きょ》大《だい》化《か》妖《よう》怪《かい》 見《み》越《こ》し入《にゅう》道《どう》▶082
子《こ》連《づ》れ妖《よう》怪《かい》 産《うぶ》女《め》▶092
犬《いぬ》型《がた》妖《よう》怪《かい》 すねこすり▶074

道の妖怪
木《もく》霊《れい》陰《いん》火《か》 鶴《つる》瓶《べ》火《び》▶080
ゆりかご妖《よう》怪《かい》 夜《よ》泣《な》き石《いし》▶088
ぶら下《さ》がり妖《よう》怪《かい》 茶《ちゃ》袋《ぶくろ》▼086
妖怪は
どんな場所に
出るの?
094
疾《しっ》風《ぷう》妖《よう》怪《かい》 鎌《かま》鼬《いたち》▶070

合《がっ》体《たい》妖《よう》怪《かい》 がしゃどくろ▶108
不《ふ》定《てい》形《けい》妖《よう》怪《かい》 ぬっぺっほふ▶112
反《たん》物《もの》妖《よう》怪《かい》 一《いっ》反《たん》木《も》綿《めん》▼118
通《とお》り魔《ま》妖《よう》怪《かい》 髪《かみ》切《き》り▶114

里の妖怪

飛《ひ》行《こう》布《ふ》団《とん》 野《の》衾《ぶすま》▶106
悪戯《いたずら》妖《よう》怪《かい》 一《ひと》つ目《め》小《こ》僧《ぞう》▼096
電《でん》気《き》妖《よう》怪《かい》 雷《らい》獣《じゅう》▶100
砂《さ》塵《じん》妖《よう》怪《かい》 砂《すな》かけ婆《ばばあ》▼102
妖怪を探しに行こう! 120

逆《さか》さま妖《よう》怪《かい》 天《てん》井《じょう》下《くだ》り▶132
飛《ひ》頭《とう》妖《よう》怪《かい》 ろくろ首《くび》▶122
執《しゅう》着《ちゃく》妖《よう》怪《かい》 目《もく》目《もく》連《れん》▶128
切《き》り裂《さ》き妖《よう》怪《かい》 網《あみ》剪《きり》▶126
幸《こう》運《うん》妖《よう》怪《かい》 座《ざ》敷《しき》童《わら》子《し》▶144

家の妖怪

怨《おん》念《ねん》集《しゅう》合《ごう》体《たい》 幽《ゆう》霊《れい》▼134
不《ふ》浄《じょう》妖《よう》怪《かい》 垢《あか》嘗《なめ》▼140
おわりに 146
怪《かい》猫《びょう》妖《よう》怪《かい》 猫《ねこ》又《また》▶138

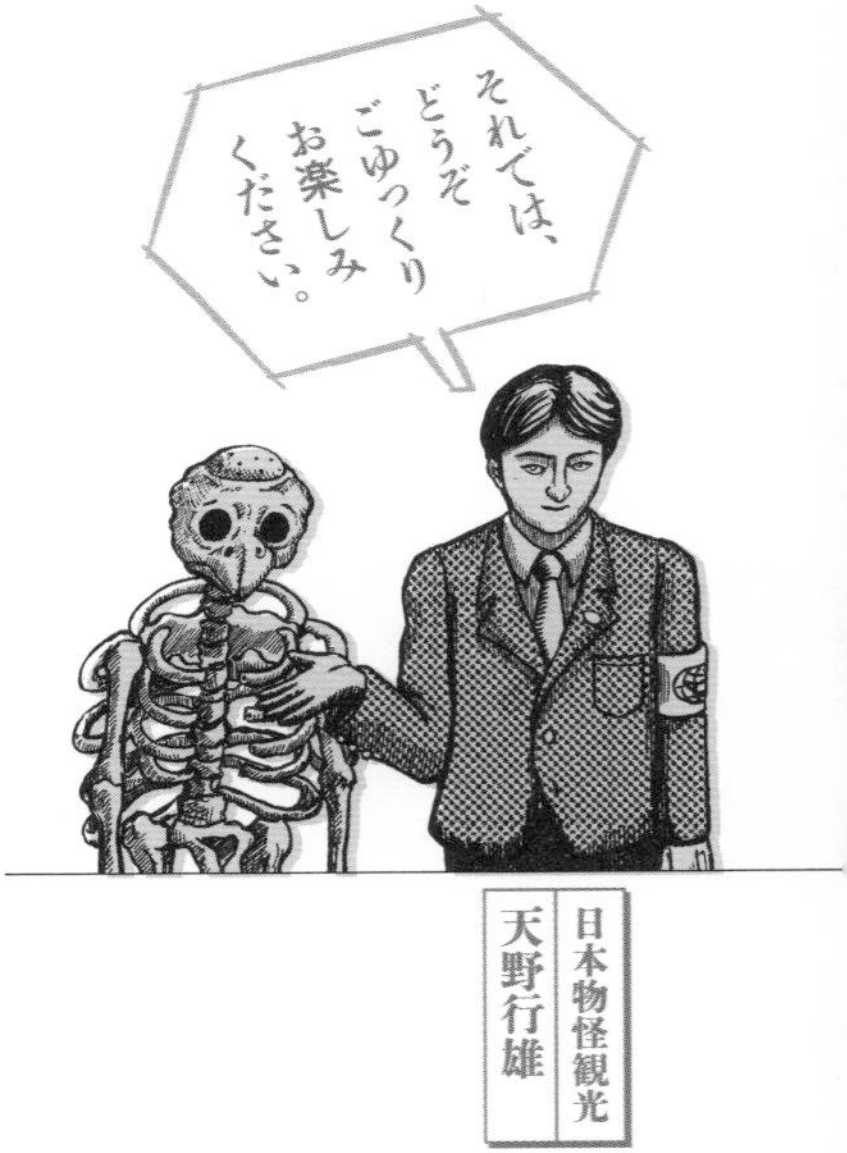
それでは、どうぞごゆっくりお楽しみください。
日本物怪観光
天野行雄

水辺の妖怪

其ノ壱

怪《かい》音《おん》妖《よう》怪《かい》—小豆《あずき》洗《あら》い

川で小豆《あずき》を洗う音をたてる

知名度：★★★★★
レア度：★☆☆☆☆
危険度：★★☆☆☆

身長
1メートル
60センチ
体重
60キロ

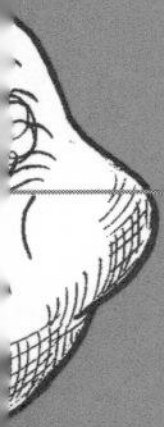

小豆洗い翅《はね》
昔は飛ぶこともできたようだが、今は退化している。

小豆洗い目
大きな目は複《ふく》眼《がん》になっている。小さな小豆一粒も見逃さない。

小豆洗い髭《ひげ》
触《しょっ》角《かく》のような髭。近くに人がいないかなどを探るレーダー。

・スカシチャタテ
小豆洗いの正体ともいわれる大型のチャタテムシ。この昆虫《こんちゅう》の出す音がお茶をたてる音に似ていることから、そう呼ばれるようになった。

拡声器《かくせいき》

身体から出た音を大きくする。

小豆洗胃

小豆やデンプンが大好き。たまに人間も食べる。

発音器

小豆を洗う動作で腕《うで》の付け根がこすり合わされることで音が出る。小豆を洗う音をさらに盛り上げるぞ。

小豆洗い手

二本の鋭《するど》い鉤爪《かぎづめ》はすべりやすい岩場でもしっかりとつかまることができる。

—其ノ壱— 怪音妖怪《かいおんようかい》・小豆《あずき》洗《あら》い

栃木県佐野市には、夜な夜な歩き回るという「小豆とぎ婆」の話が伝わっていて、その像もあった。

川や水辺で小豆を洗うような音をたてる妖怪。音がする方へ行ってみても姿《すがた》は見えない。全国各地で出現が記録されている。ただ小豆を洗う音をたてるだけのものもいれば、「小豆とどうか、人とって食おうか」などと言いながら小豆をとぐものもいる。小豆洗いには女性タイプや動物タイプもいて、正体については、小坊主《こぼうず》や老婆《ろうば》、女性、イタチ、キツネ、タヌキとさまざまな説がある。

野田元三《のだげんぞう》が描《えが》いた解剖図《かいぼうず》の小豆洗いは、江戸時代《えどじだい》の怪談本『絵本百物語《えほんひゃくものがたり》』に描かれた坊主タイプだが、身体の作りは昆虫《こんちゅう》のようになっている。

小豆洗いの音は、「チャタテムシ」という昆虫が発する音が障子《しょうじ》と共鳴して起きるという説があるが、このタイプのことをいっているのかもしれない。

解剖図の小豆洗いもチャタテムシと同じように、腕の付け根に発音器があり、それをこすり合わせることで音を出すようだ。小豆を洗う動作をすることで、発音器をこすり、ショキショキという音を増幅させているのだ。

お尻を上げた前かがみの姿勢、二本の鉤爪《かぎづめ》のような指は、かねてより謎《なぞ》だったが、実はこのような秘密があったのだ。

出現地域：秋田県、長野県、栃木県、埼玉県、東京都、山梨県、岡山県、徳島県、愛媛県、大分県など

嫌いな場所：小豆を洗う音が聞こえないくらいうるさいところ。

新潟県では小豆を洗うのはワイサコキ（いたずら）イタチだといわれている。

―其ノ弐―

水棲妖怪《すいせいようかい》・河童《かっぱ》

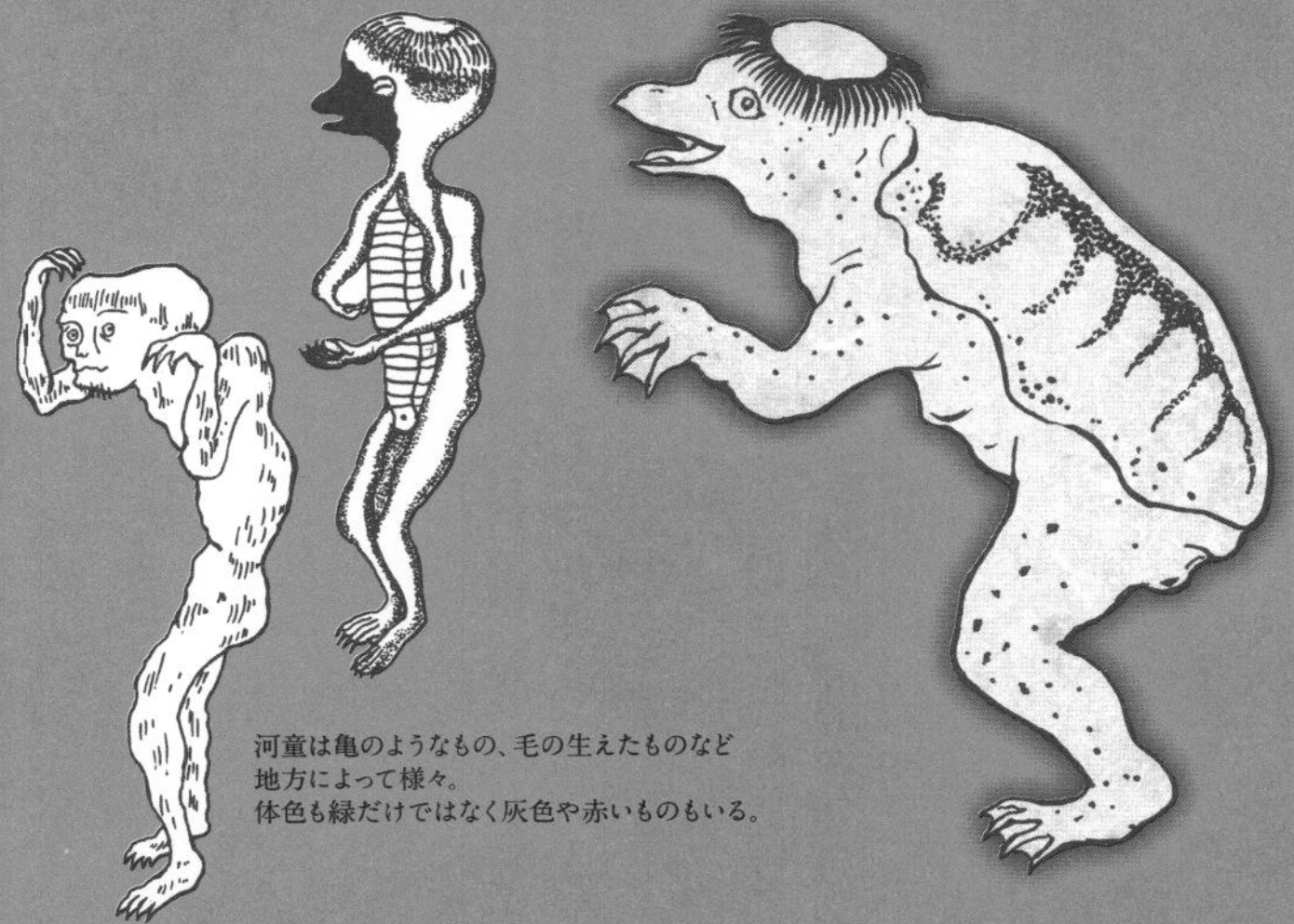

河童は亀のようなもの、毛の生えたものなど
地方によって様々。
体色も緑だけではなく灰色や赤いものもいる。

全国各地に伝わる水辺の妖怪。一説には水の神様が落ちぶれた姿《すがた》ともいわれている。相撲《すもう》をとるのが好きなど共通した特徴《とくちょう》があったりもするが、その呼び名は「河《かわ》太郎《たろう》」「河《か》伯《はく》」「ガワタ」「ガワッパ」など地方によって違う。

泳《およ》ぐのが得意《とくい》で水の中に潜《ひそ》み、人を引きずりこんで尻《しり》子《と》玉《だま》（お尻の穴《あな》の中にあるとされた想像上の玉で、河童の大《だい》好物《こうぶつ》）を抜く。

頭には皿《さら》のようなものがあり、そこが乾くと力が出なくなる。大きさは一般的に小さな子供くらいというが、馬の足跡《あしあと》の小さな水たまりに千匹入れるくらいの小ささなものもいる。伝えられる姿も赤いもの、亀《かめ》や猿《さる》のようなもの、毛の生えたものと、地域《ちいき》によってバラバラ。

人や馬にイタズラしようとして捕《つか》まり手首を切られるようなこともあるが、その時、命を助けてあげると、お礼に、毎日魚を届けたり、傷《きず》を治す薬《くすり》を伝えたりと、律儀《りちぎ》なところもある。

その正体についてはカワウソ、亀、スッポンなどの生物説から、果ては恐竜の生き残り説や宇宙人説まで。とにかくいまだ話題に事欠かない人気妖怪である。

出現地域：全国各地
苦手なもの、こと：頭の皿が乾く、猿、金物、仏飯（仏様にお供えしたご飯）。

江戸時代に、牛久沼（現在の茨城県牛久市）の河童が人間に作り方を教えたと伝えられる塗り薬「岩瀬万応膏」。

其ノ弐

水棲妖怪《すいせいようかい》 — 河童《かっぱ》

人間を水の中に引きずりこむ

身長
4.9ミリから
1メートル30センチ
体重
0.8グラムから
22キロ

有名度：★★★★★
オナラの臭《くさ》さ：★★★★★
真面目度《まじめど》：★★★☆☆

・ディノサウロイド
恐竜が絶滅せず生き残り、進化した存在。河童の正体という説もある。

河童腕《うで》
ひっぱると伸びるが、その分もう片方は縮む。そのような構造《こうぞう》なのは、捨てられた人形が河童になったからだともいわれている。

河童肛門《こうもん》
三つある。ここから噴き出すガスの力で泳《およ》いでいるともいわれている。オナラはとても臭い。

河童皿《さら》

水をためることができるが、
乾いてくると力が
入らなくなる。

河童手

人間を水の中に引
きずりこむ河童
の手は商売繁盛《しょうばいはんじょう》
の縁起《えんぎ》のよいものとも
いわれる。切
られても
薬《くすり》でくっつ
く。

河童肋骨《ろっこつ》

内臓《ないぞう》を守る骨《ほね》。

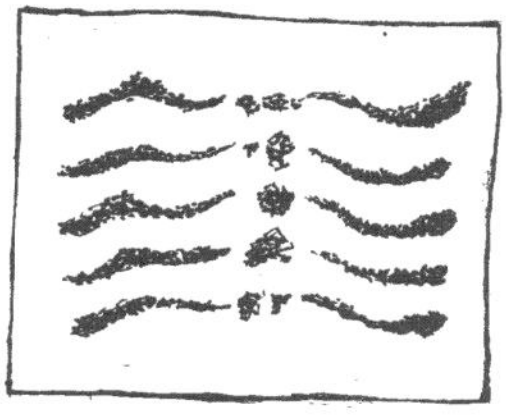

岩手県北上市《いわてけんきたかみし》の染黒寺《せんこくじ》には、
河童の肋骨を墨《すみ》で写しとった
拓本《たくはん》が残されている。

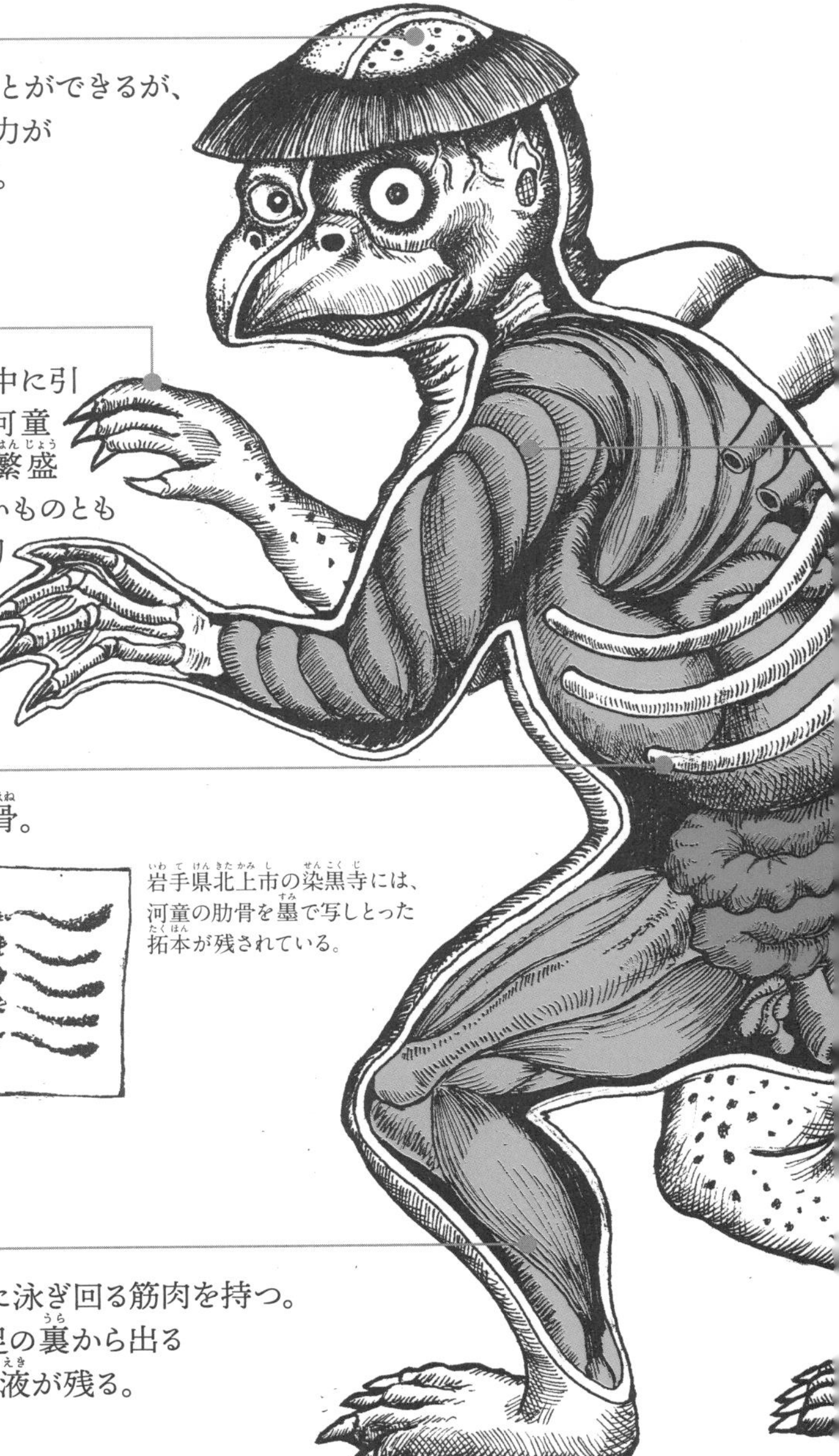

河童足

水中を自由に泳ぎ回る筋肉を持つ。
足跡《あしあと》には、足の裏《うら》から出る
ぬるぬるした液《えき》が残る。

其ノ参

水《すい》棲《せい》人《じん》—人《にん》魚《ぎょ》

人間の顔をした魚

美人度：★★☆☆☆

泳《およ》ぎのうまさ：★★★★★

肉の栄養：★★★★★

身長
1メートルから
1メートル20センチ
体重
25キロから
30キロ

・人魚のミイラの古い絵葉書（高野山・苅萱堂）

日本各地には、その存在を裏付ける人魚のミイラが残されている。

浮《う》き袋《ぶくろ》

特殊《とくしゅ》なガスを発生《はっせい》させることで、水中のみならず、宙《ちゅう》に浮かび、風や雲に乗ることもできる。

人魚エラ・肺《はい》

水の中と外で活動できるように、エラと肺の両方がある。

人魚手

指の間には水かきがついている。
鋭《するど》い爪《つめ》は漁師の網を裂《さ》いてしまう。

・人魚の財布
人魚はナヌカザメの卵の殻を財布にしたという。

人魚肉

食べると不老長寿《ふろうちょうじゅ》になる。その食感《しょっかん》は団子《だんご》のようで、小さく切られた状態でもどこからか言葉を発するという。

人魚脳

天変地異《てんぺんちい》を察知《さっち》する力がある。

人魚喉《のど》

人間の赤ん坊やヒバリ、鹿のような声で鳴く。予言めいたことや、人間の悪口を言ったりもする。

―其ノ参― 水棲人《すいせいじん》・人魚《にんぎょ》

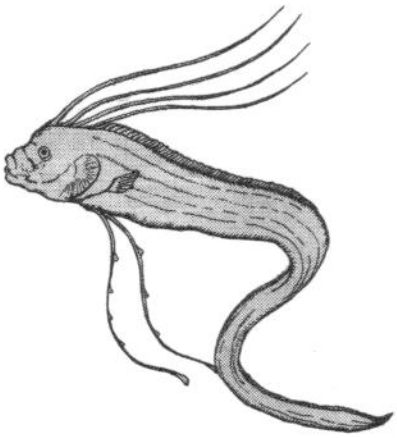

世界各地の深海に棲む深海魚で、人魚の正体ともいわれるリュウグウノツカイ。平べったく長い銀色の身体に赤い触角のような背びれを持つ。

腕《うで》のようなヒレを持つ魚、人間のような上半身を持つ魚、手足の生えた魚……などとされる水棲生物。顔の外見は、女のようだとされる。「魚人《ぎょじん》」とも呼ばれる。

海中に棲《す》むものが多いが、鯉《こい》と人間との間に生まれた、湖《みずうみ》に棲む人魚もいる。

西洋《せいよう》では美しい女性の上半身をした姿《すがた》で描《えが》かれるが、日本の場合《ばあい》は、人間のように見える水棲生物のことをそう呼んでいたようだ。

昔の書物《しょもつ》に書かれた特徴《とくちょう》を見ると、その正体は両生類《りょうせいるい》のオオサンショウウオや深海魚《しんかいぎょ》のリュウグウノツカイではないかともいわれている。

人魚が現れるのは天変地異《てんぺんちい》の前触《まえぶ》れで、危害《きがい》を加えると海が荒れる。

人魚の肉には人を不老長寿《ふろうちょうじゅ》にする力があるといわれ、それを食べた女性は八百歳まで生きたという。

出現地域：北海道から沖縄まで日本各地

本書の解剖図《かいぼうず》は、江戸時代《えどじだい》の本『今昔百鬼拾遺《こんじゃくひゃっきしゅうい》』に描かれた半人半魚《はんじんはんぎょ》タイプのもので、人間と魚、両方の機能《きのう》を備《そな》えていることがわかる。全身を覆《おお》うウロコは金色に輝いて、とてもよい香りがするという。

人魚のミイラの標本《ひょうほん》がいくつか残っており、日本各地のお寺や神社《じんじゃ》で今も大切に保管されていることから、今もなお実在が期待される妖怪である。

人魚の肉を食べたために不老長寿となったといわれる八尾比丘尼（やおびくに）。

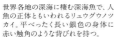

―其ノ肆―

海難妖怪《かいなんようかい》・海坊主《うみぼうず》

海坊主には様々な形態があることが報告されている。

半魚人のような姿の海坊主

お坊さんの姿をした海坊主

黒い塊の得体のしれない形の海坊主

幽霊船の姿をした海坊主

おだやかな海に突然現れて、船を沈めてしまう妖怪。

真っ黒い坊主タイプ、柄杓《ひしゃく》で船に水を入れて沈める船幽《ふなゆう》霊《れい》タイプ、美女や船に化けるタイプなどがいる。

人の言葉を話す海坊主もいたようだ。

ある日、漁《りょう》に出てはいけない日に船を出した漁師の前に海坊主が現れて、「俺が恐ろしいか」と尋ねた。「世を渡ることほど恐ろしいことはない」と怖がらずに漁師が答えると、そのまま静かに姿《すがた》を消したという。

海外では、「海の修道僧」「海の司教」と呼ばれ、頭が丸い、もしくは帽子のようなものをかぶった姿は、日本の海坊主ともよく似ている。

クジラやタコ、イカ、エイ、カニ、クラゲなど、海の生物が正体だともいわれているが、解剖図《かいぼうず》を見てみると、海洋生物が合わさったような身体が黒い粘膜状のヌルヌルしたものに包まれている。

各地での目撃談《もくげきだん》や言い伝えに違いがあるのは、こういった身体の構造《こうぞう》によるものなのかもしれない。

出現地域：山形県、宮城県、静岡県、大阪府、山口県、島根県、香川県、愛媛県、長崎県など
撃退方法：味噌を溶かして海に流す、包丁を研ぐ、イワシをいぶす、マッチの火を投げる。

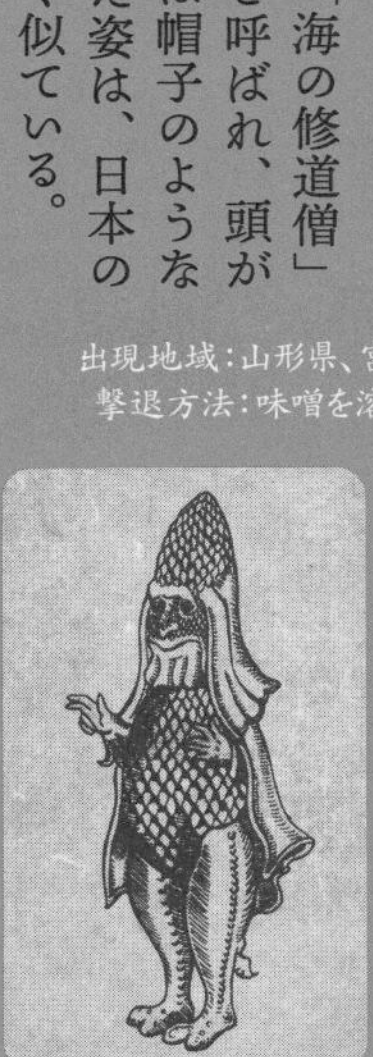

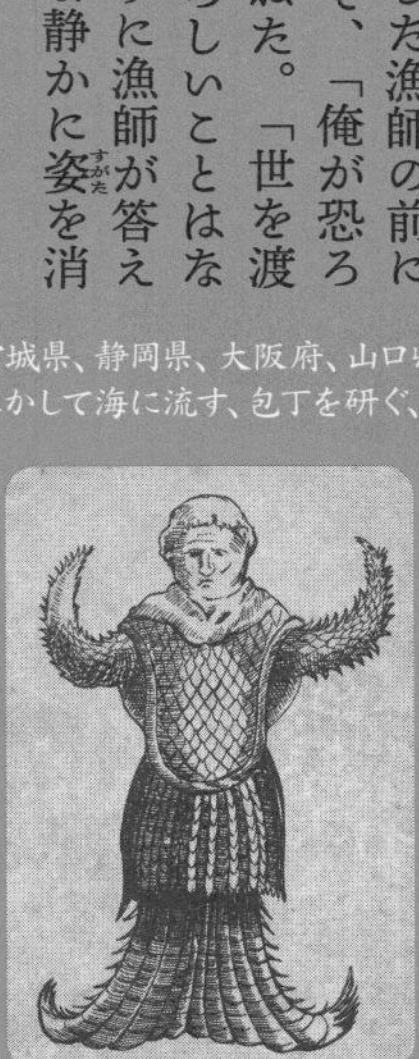

海外の海坊主「海の修道僧」と「海の司教」。

其ノ肆

海《かい》難《なん》妖《よう》怪《かい》―海《うみ》坊《ぼう》主《ず》

突然現れて船を沈める

大きさ：★★★★★

頭のよさ：★★★★☆

怪《かい》力《りき》度：★★★★☆

身長
3メートルから
30.3メートル
体重
300キロから
10トン

海坊主目
皿《さら》のように丸く、
暗闇《くらやみ》で光る。

海坊主胃
海で溺《おぼ》れた
人間の魂《たましい》を食べる。

海坊主手
大きな柄杓《ひしゃく》を
器用《きよう》に使い、
船を沈めてしまう。

海坊主尾《お》
クラゲの触手《しょくしゅ》の
ようなヒダと、
クジラのような
尻尾《しっぽ》を使って
水中を泳《およ》ぎ回る。

海坊主脳

人間に謎《なぞ》かけをするのが好き。

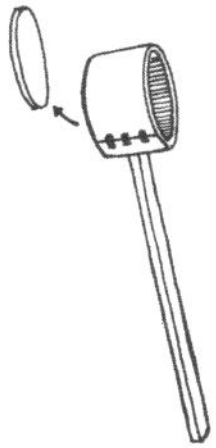

「柄杓を貸せ」と言う海坊主には底を抜いて渡す。
そのまま渡してしまうと船に水を入れて沈められてしまう。

海坊主皮《ひ》膚《ふ》

身体全体が黒い油のようなもので覆《おお》われている。捕《つか》まえようとするとヌルヌルすべる。

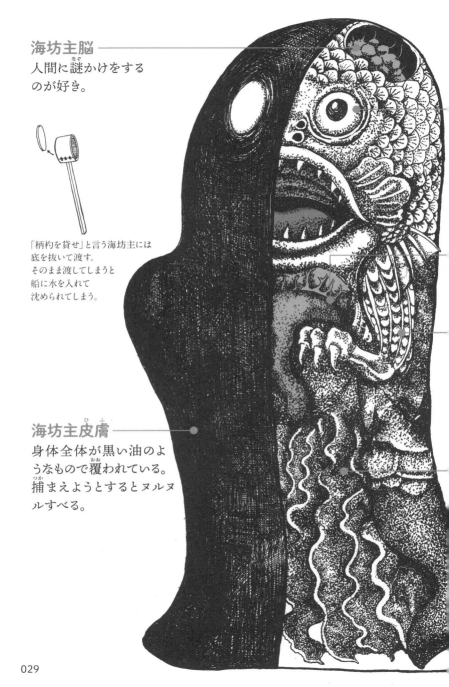

其ノ伍

幻《げん》覚《かく》妖《よう》怪《かい》—蜃《しん》

気を吐いて幻を作り出す

危険度：★★★☆☆
珍しさ：★★★☆☆
画《が》像《ぞう》解《かい》像《ぞう》度《ど》：★★★★★

身長
［貝形態］
1メートル60センチ
［龍形態］
5メートル
体重
120キロ

鱗《うろこ》甲《かん》板《ばん》
外敵から身を守るための装《そう》甲《こう》。二枚を開閉することで水中を移動する。

蜃皮《ひ》膚《ふ》
全身ウロコに覆《おお》われている。下半身は逆の向きにウロコが生えている。肉に含まれる脂《あぶら》は、燃やすと幻《げん》影《えい》を作り出す成分が含まれている。

喜見城《きけんじょう》

蜃が発した霧《きり》が映し出すお城《しろ》。幻の山・須弥山《しゅみせん》の頂上にある、神様が住む楽園《らくえん》。日本では、浦島太《うらしまた》郎《ろう》が行った竜宮城《りゅうぐうじょう》が映し出されているともいわれる。

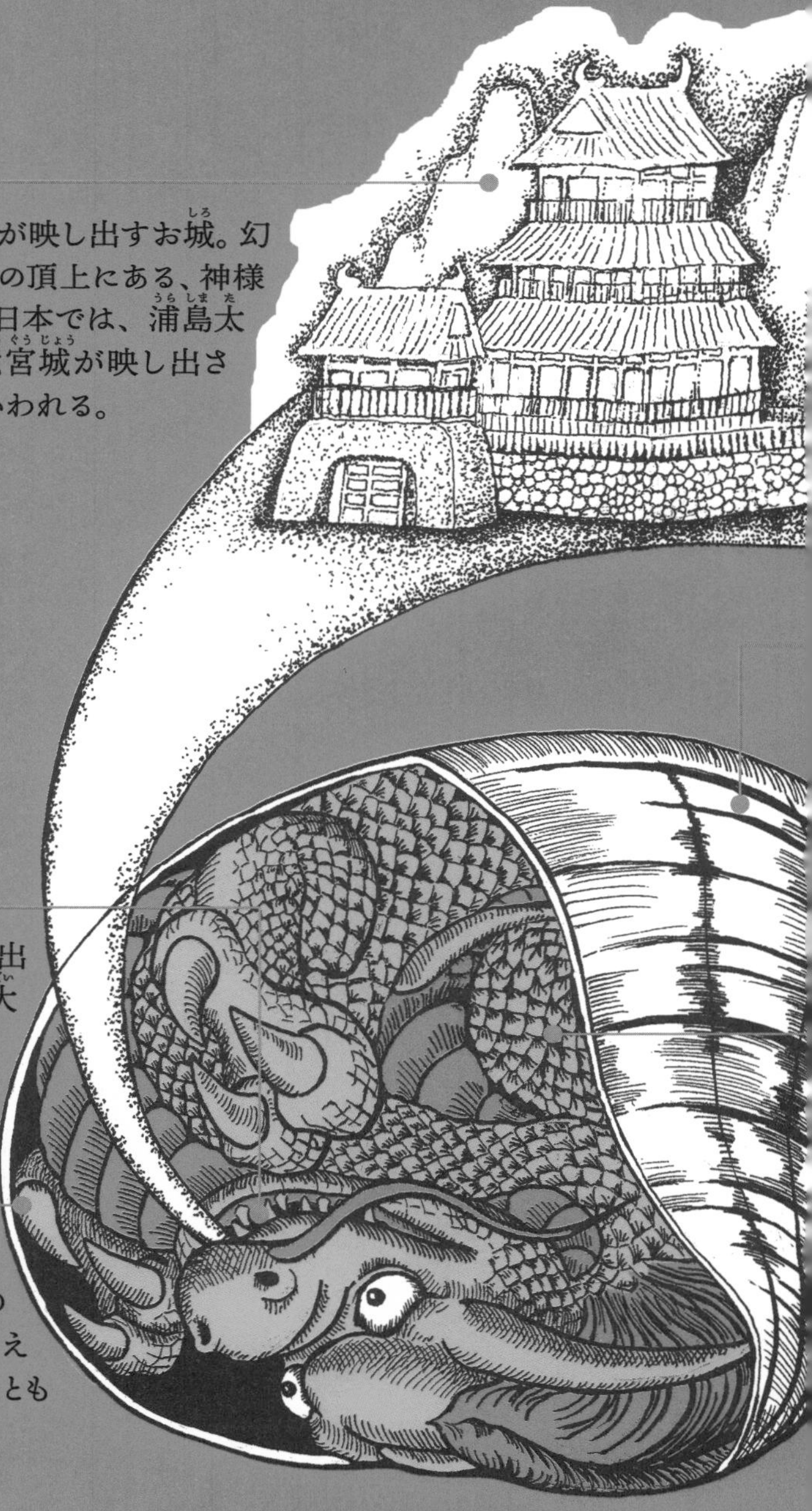

蜃口

蜃気楼《しんきろう》を吹き出す。その気で大《だい》好物《こうぶつ》のツバメを落として食べる。

蜃爪《つめ》

雨雲や霧をつかむ。大気中の水分を捕《つか》まえて、空へ昇《のぼ》ることもできる。

―其ノ伍― 幻覚妖怪《げんかくようかい》・蜃《しん》

蜃には龍タイプと蛤タイプの
二種類がある。

船で航海《こうかい》していると、突然海の上に陸地《りくち》やお城《しろ》のような建物《たてもの》が出現することがある。民家や樹木《じゅもく》、行き来する人の姿《すがた》が見えることもあるという。しかし近づいてもそこには何もない。蜃気楼《しんきろう》と呼ばれる現象《げんしょう》だ。蜃はそんな幻影《げんえい》を作り出す、中国から伝わった生き物だ。

その姿は、龍《りゅう》タイプと巨大《きょだい》な蛤《はまぐり》タイプにわかれる。龍タイプは蛇《へび》とキジが交わって生まれた卵が地中でかえり、数百年たってから天に昇《のぼ》った姿だという。

中国の古い言い伝えでは、このように、二つの生き物が一つに合わさったり、別の生き物に変身することが報告されている。キジが水に入って蜃になるとか、スズメが海に入って蛤になるといわれることもあった。

蛤の中には海中で巨大化するものがあり、車鰲《わたりがい》と呼ばれる。この車鰲こそが蜃で、春から夏にかけて海中から気を吐いて幻影を見せるとする書《しょ》物《もっ》もある。

龍タイプと蛤タイプは別種と思われていたが、解剖図《かいぼうず》を見ると、蛤のような殻《から》の中に龍の身体が変形しておさまっている。

出現地域：秋田県、富山県、石川県、長崎県など
幻を消す方法：幻影の門に向かって船をぶつけてつっきる。

古い中国の言い伝えでは、スズメは蛤に化けると考えられていた。

―其ノ陸― 凶悪妖怪《きょうあくようかい》・牛鬼《うしおに》

牛タイプと蜘蛛タイプ、人型で翼があるもの、蛍の光のようなものもいる。江戸時代の絵師・鳥山石燕（とりやませきえん）は牛タイプの牛鬼を描いているぞ。

海や川、山間部の池や淵《ふち》に棲《す》む怪物。牛のような顔をした鬼、鬼のような顔の牛、鬼の顔に蜘蛛《くも》のような身体を持つなどといわれる。性格は凶暴《きょうぼう》で、人間や家畜《かちく》を襲《おそ》う。直接食べてしまう場合《ばあい》もあれば、影《かげ》を食べることもあり、影を食べられた人もやがて死んでしまう。口から毒《どく》気《け》を吐き、中には姿《すがた》を見ただけで病気になったり、死んでしまうものもある。

土地によっては、濡女《ぬれおんな》とタッグを組んで現れる牛鬼もいる。子供を抱いた濡女が現れて「この子を抱いてくれ」とせがむ。うっかり抱くと子供はみるみる重くなり、身動きが取れなくなったところを牛鬼が襲うのだ。

毎夜人に化けて現れる変身能力を持った牛鬼も報告されているので、濡女も牛鬼が化けている可能性がある。

凶暴な怪物だが、のこぎりの三十二枚目にある鬼刃《おにば》や、家伝《かでん》の銘刀《めいとう》、お経《きょう》が彫《ほ》りこまれた鉄砲《てっぽう》の弾《たま》などで退治することができる。

また、その強大なパワーは、転じれば強力な魔除《まよ》けになる。愛媛県《えひめけん》では、牛鬼のお面を飾ったり、巨大《きょだい》な作り物の牛鬼が町を練《ね》り歩くお祭りが今も催《もよお》されている。

出現地域：宮城県、東京都、三重県、和歌山県、島根県、徳島県、愛媛県など
弱点：のこぎりの32枚目の刃（鬼刃）、銘刀、鉄砲、お札。

愛媛県の宇和島では、巨大な作り物の牛鬼が登場するお祭りが催されている。

其ノ陸

凶《きょう》悪《あく》妖《よう》怪《かい》―牛《うし》鬼《おに》

毒を吐いて人を食らう

凶暴度《きょうぼう》：★★★★★
変身能力：★★★★★
魔除《まよ》けパワー：★★★★★

身長
2メートルから
4300メートル
体重
700キロから
1500トン

牛鬼目
見つめるだけで生き物を殺す力がある。

牛鬼牙《きば》
岩などにこすりつけて、いつも鋭《するど》く研《と》ぎすましている。

牛鬼足
特殊《とくしゅ》な構造《こうぞう》の足の裏《うら》は、狙《ねら》った獲物《えもの》に音もなく近づくことができる。

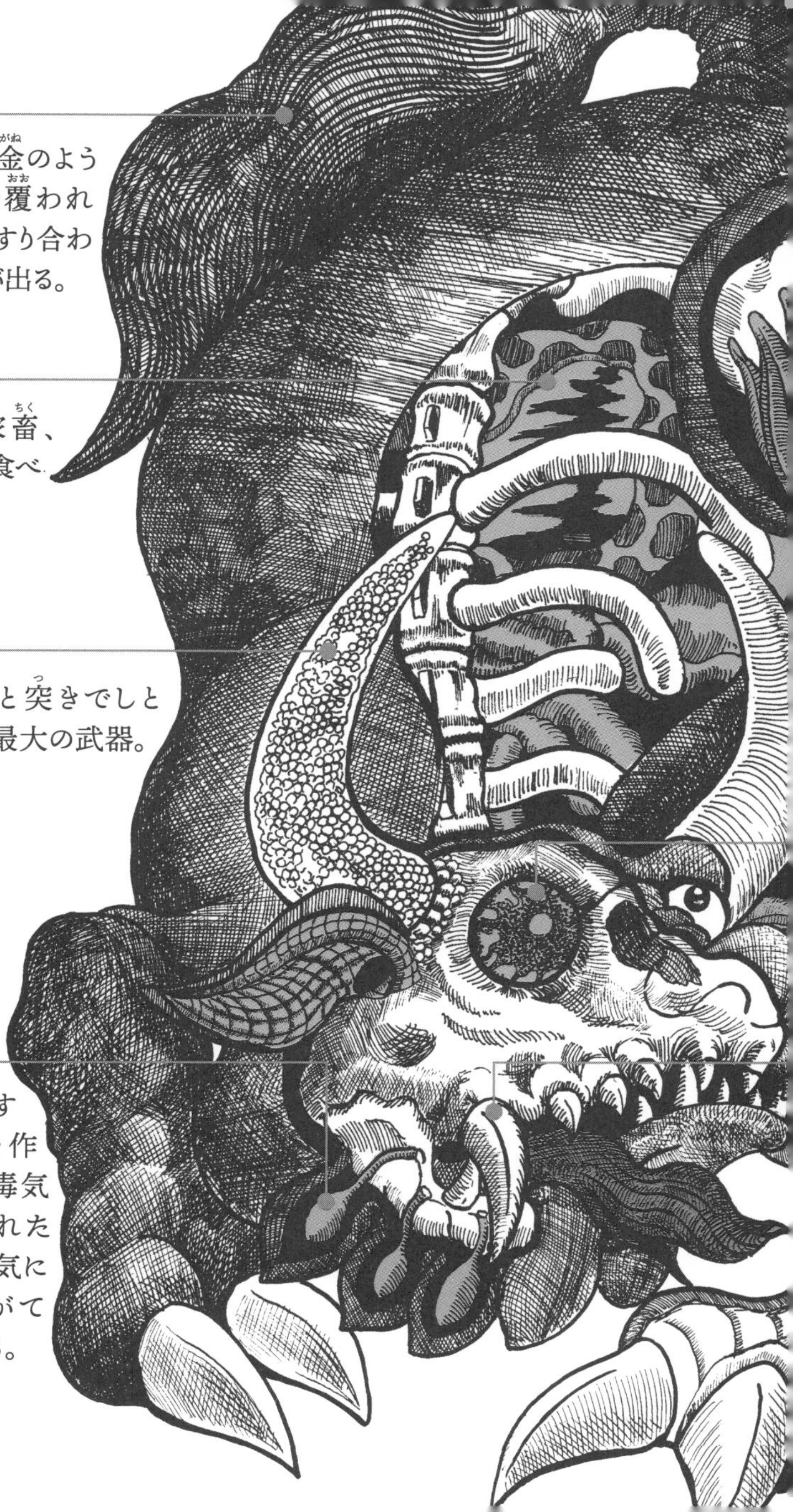

牛鬼毛

全身が針金《はりがね》のような剛毛《ごうもう》で覆《おお》われている。こすり合わせると音が出る。

牛鬼胃

人間や家畜《かちく》、人の影《かげ》も食べる。

牛鬼角《つの》

相手をひと突《つ》きでしとめる牛鬼最大の武器。

毒気袋《どくけぶくろ》

口から発する毒気を作る器官《きかん》。毒気に当てられた人間は病気になり、やがて死にいたる。

其ノ漆

機《はた》織《おり》妖《よう》怪《かい》—女《じょ》郎《ろう》蜘《ぐ》蛛《も》

糸をからめて獲《え》物《もの》を水中に引きずりこむ

変身能力：★★★★☆
食欲：★★★★☆
怪力《かいりき》度：★★★☆☆

身長
3メートル
体重
65グラム

女郎蜘蛛胃
食べて溶かした
獲物を吸収する。

卵《たまご》量《りょう》産《さん》器《き》官《かん》
子蜘蛛を次から
次へと産み出す。

女郎蜘蛛目

八つある目は、水中や暗闇《くらやみ》でもしっかりと見ることができる。

毒腺《どくせん》

牙《きば》から毒を注入《ちゅうにゅう》して溶かしてしまう。

女郎蜘蛛心臓《しんぞう》

背中側にある急所《きゅうしょ》。ここを斬《き》られると死んでしまう。

糸腺

強力な蜘蛛の糸を生産する。この糸を使って人を引きずりこんだり、布を織ったりする。

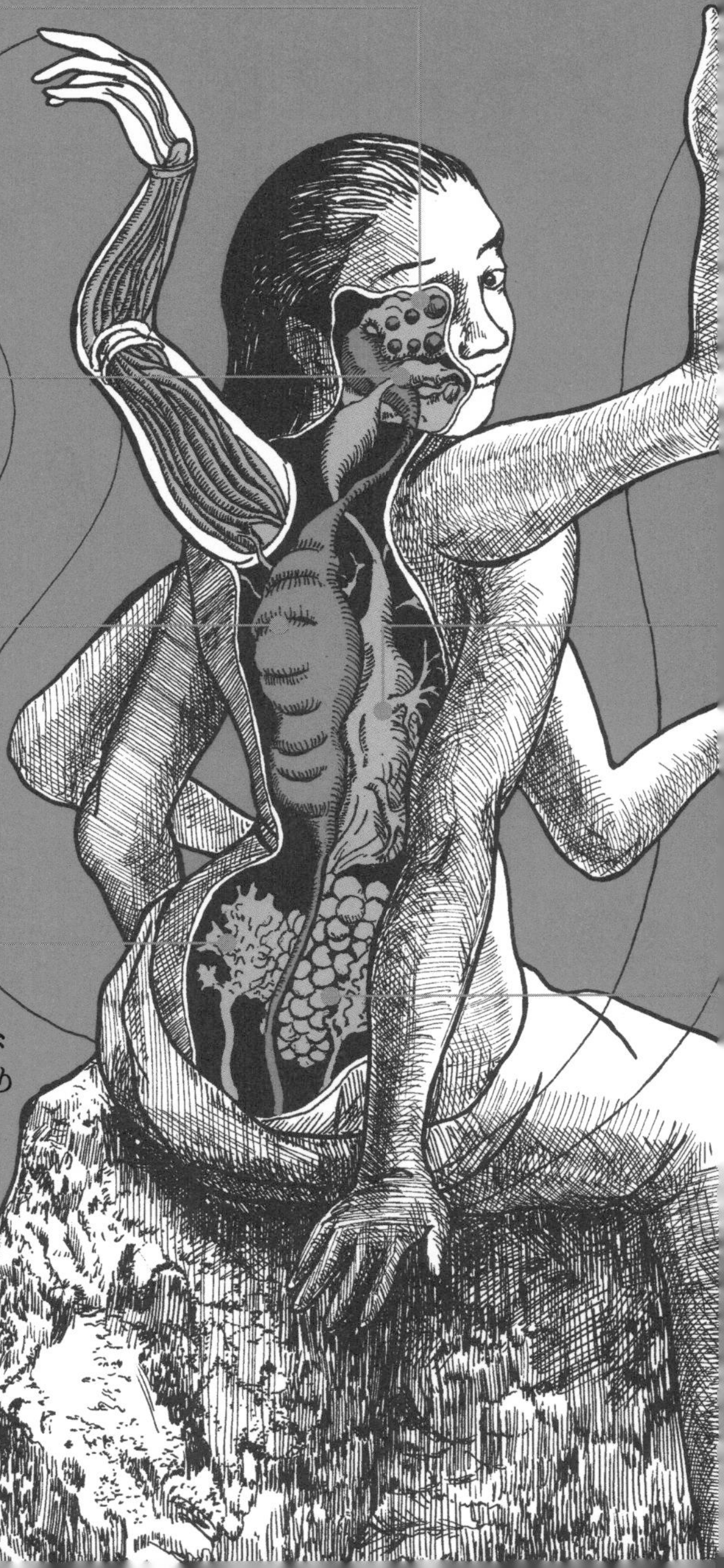

―其ノ漆―

機織《はたおり》妖怪《ようかい》・女郎蜘蛛《じょろうぐも》

女郎蜘蛛は水の底で、蜘蛛の糸を使って布を織っているともいわれている。

女性に化け、子供を連れて現れた女郎蜘蛛。

川や淵《ふち》など、主に水中に棲《す》む蜘蛛《くも》の妖怪。十四歳から二十歳くらいの女性の姿《すがた》で現れる。静岡県《しずおかけん》伊豆市《いずし》にある浄蓮《じょうれん》の滝《たき》、宮城県《みやぎけん》仙台市《せんだいし》の賢淵《かしこぶち》などにいる水に潜《ひそ》むタイプは、近くに来た人間の身体に子蜘蛛を使って少しずつ糸をかけ、その糸が太く強くなった時点で一気に水中へと引きずりこんで食べるという。

ある時、男が足についた蜘蛛の糸を近くにあった切り株《かぶ》にかけておいたら、根ごと引き抜かれて水中に消えていったという。賢淵の名前は、人を引きこむのに失敗した女郎蜘蛛が「かしこい、かしこい」と言ったことに由来しているそうだ。

人里《ひとざと》離《はな》れた荒れ果てた神社《じんじゃ》に潜み、人を襲《おそ》う女郎蜘蛛もいる。ある武士の前に、二十歳くらいの子連《こづ》れ女房《にょうぼう》が現れ、「あれはお前の父親なので抱いてもらいなさい」と連れている子供をよこしてきた。子供の正体は五輪塔《ごりんとう》で、刀で斬《き》りつけても刃《は》こぼれしてしまう。女郎蜘蛛はその隙《すき》をついて襲いかかろうと狙《ねら》っているのだ。子供ではなく、先に母親の方を斬り倒すと、息絶えた姿は大きな蜘蛛で、神社の屋根裏《やねうら》にはたくさんの人間の死体があった。

人の心の隙《すき》をついて緻密《ちみつ》な戦略で攻撃をしかけてくる、恐ろしい妖怪である。

出現地域：宮城県、静岡県、岡山県など

女郎蜘蛛が抱いている子供の正体は石の五輪塔。

―其ノ捌― コピー妖怪《ようかい》・アマビエ

近年では、アマビエは間違えて
アマエビと呼ばれたこともあったぞ。

アマビエの名前はアマビコの
写し間違いではないかともいわれている。

江《え》戸《ど》時《じ》代《だい》後期に発行された瓦版《かわらばん》（昔の新聞のようなもの）に記録が残る謎《なぞ》の生物。

弘化《こうか》三年四月中頃、肥後《ひご》国《くに》（熊本県《くまもとけん》）で海中が毎夜光るというので役人が調べに行くと、アマビエと名乗る怪物が現れ、「今から六年間は豊作が続く。ただし疫病も流行《はや》るので、私の姿《すがた》を写した絵を人に見せなさい」と告げて海の中へ姿を消したという。

その姿は、長い髪《かみ》の毛に、くちばしのような口。身体中にウロコがついた三本足のペンギンのようだったという。

アマビエとよく似た妖怪にアマビコがいるが、アマビコが猿《さる》みたいなのに対して、アマビエは鳥か魚みたいだ。

同じ九州地方に伝わる怪物・神《じん》社《じゃ》姫《ひめ》は、疫病コレラが流行した時に現れ、その姿を絵に描《えが》けば難《なん》を逃れるといわれていた。こちらは蛇《へび》のような身体に長い髪の生えた頭があり、全身にアマビエと同じようなウロコが生えている。

アマビエという妖怪は、こういった様々な情報が集まって生まれたのではないか。妖怪は噂《うわさ》や情報が伝わっていくことで、どんどん進化していく存在なのかもしれない。

出現地域：熊本県、長崎県、佐賀県
似ている妖怪：アマビコ、神社姫。

神社姫は蛇のような身体にウロコが生えていたという。

其ノ捌

コピー妖《よう》怪《かい》—アマビエ

海の中から光って現れる

役立ち度：★★★★★
人気度：★★★★☆
怖さ：★☆☆☆☆

身長
60センチ
体重
16キロ

アマビエ目
未来を見通す力がある。

アマビエ耳
水中にいながら、
砂浜を歩く人の
足音を聴き取る。

アマビ鰓《えら》
深い海の底でも
地上でも呼吸できる
特殊《とくしゅ》な呼吸器官《きかん》。

浮《う》き袋《ぶくろ》
中に空気を入れて、
少しずつ浮かんで
いく。

アマビエ肢《あし》
三本の肢を器用《きよう》に使って水中を自由に泳《およ》ぐ。
特殊な分泌液《えき》を出して、水面を歩くこともできる。

アマビエ脳

未来の出来事を
察知《さっち》することができる。

アマビエ口

鳥のような口は
人間の言葉を話す。

発《はっ》光《こう》器《き》官《かん》

特殊な光を出し、
全身を発光させる。

アマビエ胃

主食のオキアミやプランクトンを
吸収しやすい構造《こうぞう》に
なっている。

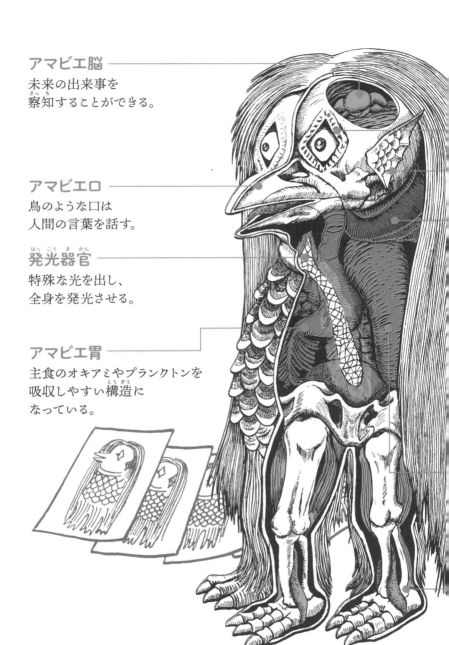

妖怪ってなに？

妖怪と遭遇《そうぐう》したといわれる野《の》田《だ》元《げん》斎《さい》は、「妖怪は実体を持つ未知の生物である」と書いたメモを残していた。

その資料を受け継《つ》いだ孫の元三《げんぞう》は、自身の研究成果として、妖怪には実体があるとしつつも、それを見たり、触《ふ》れたりすることができるのは、ごくごく一部の限られた人間であるとした。さらにその実体は、遭遇した人や場所、時間などの諸条件によっても変化するという。

妖怪とは、「世の中で起こる不思議《ふしぎ》なこと、不安なこと、恐ろしいことに、人間が名前や姿《すがた》形を与えたもの」であると元三は考えた。

たとえば、なにか恐ろしい事件が起きた時、人は言いようのない不安や恐怖を覚えるが、その犯人がどんな人物なのかがわかるとひとまず安心することができる。犯人の姿形を知り、犯行の動機を知ることで、漠然《ばくぜん》とした不安感がなくなっていくわけだ。

昔の人は、得体《えたい》の知れない不安や恐怖に、とりあえず妖怪という犯人像を与えることで、未知なる存在を捉《とら》え、説明し、安心しようとしたのだろう。つまり妖怪とは、人間が生み出した、未知なる恐怖とつきあっていくための方法の一つなのである。

そうやって照らし出された恐怖の犯人（＝妖怪）は、語られ、記され、あるいは描《えが》かれて、後世の人々に伝えられていったのだ。

妖怪を知ることは、当時の人たちがどんなことを恐れて、どのように対応していたかを知ることにもなるんだ。

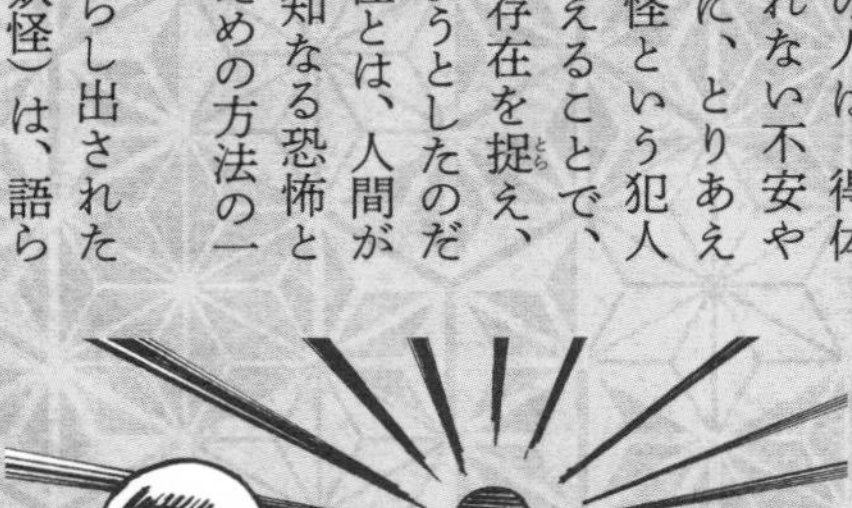

【妖怪とは不思議なことや恐ろしいことに姿形を与えたものである】

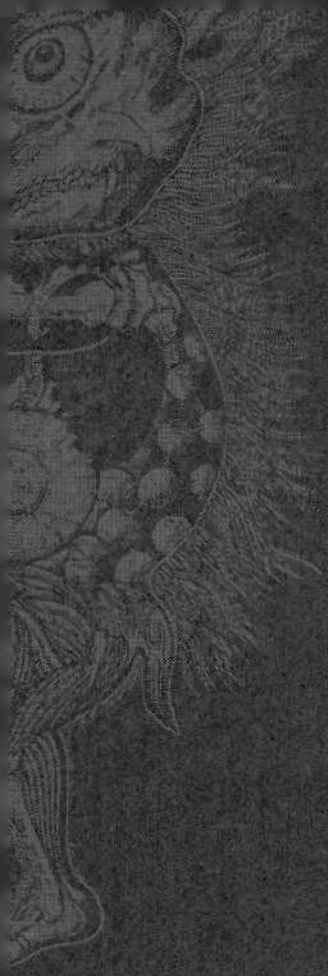

山の妖怪

―其ノ玖―

渡《わた》り妖《よう》怪《かい》―山《やま》童《わろ》

悪戯《いたずら》で人間を驚《おどろ》かせる

身長
1メートル39センチから
2メートル40センチ
体重
37キロから
132キロ

悪戯度：★★★☆☆
怒りっぽさ：★★★★☆
親しみやすさ：★★★☆☆

山童脳
人の言葉を理解し、約束したことをよく覚えている。約束を破ると激しく怒る。

変声器《へんせいき》
自在に声を変える器官《きかん》。ここを使って人の声まねや、音まねをする。

浮《う》き袋《ぶくろ》・脂腺《しせん》
水に入った時に使う器官。浮き袋は身体を浮かせ、脂腺から出たネバネバは皮《ひ》膚《ふ》を守る。

山童足
山野をかけめぐる強い足。春になると指の間に水かきが現れる。

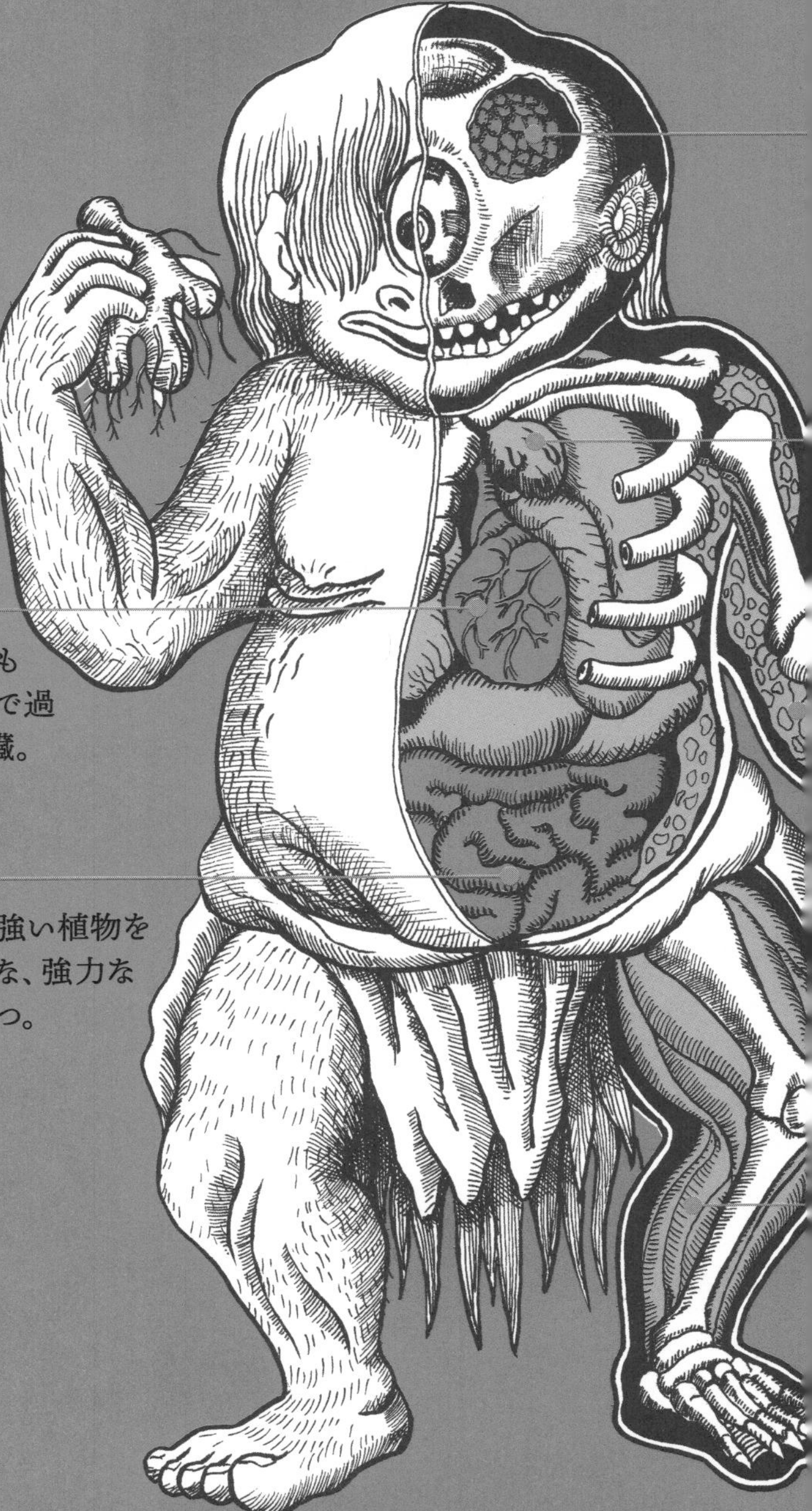

山童心臓《しんぞう》

高い山の上でも
水中でも平気で過
ごせる強い心臓。

山童腸《ちょう》

根菜《こんさい》や毒性の強い植物を
食べても平気な、強力な
ろ過《か》機能《きのう》を持つ。

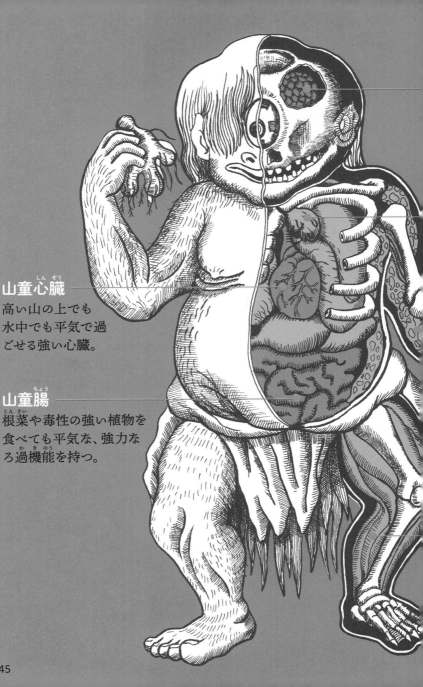

―其ノ玖― 渡《わた》り妖怪《ようかい》・山童《やまわろ》

河童が秋から冬にかけて山に入ると山童になる。

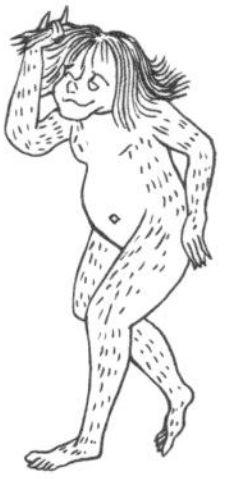

山童は中国からやって来た山操（さんそう）という山に棲む怪物であるともいわれる。

十歳くらいの子供、もしくは二メートルを超える大男の姿《すがた》をしており、頭が平らで目は一つ、全身に毛が生え、髪《かみ》の毛だけ赤い。山芋《やまいも》やカニ、山桃《やまもも》などを食べて、山の中で暮らしている。おこわやお酒も好む。

人の声まねや音まねが得意で、木が倒れる音や落石《らくせき》の音をさせて人間を驚《おどろ》かせる。山で人を迷わせたり悪戯《いたずら》をすることが多いが、ときどき人間の手伝いをすることもあるので、その時は、おにぎりやお酒でお礼をするとよい。

地方によっては、頭に皿《さら》があったり、相撲《すもう》をせがんだりすることから、山童は、秋から冬にかけての寒い時期を山の中で生活する渡りの河童《かっぱ》であるともいわれる。

山童が移動する時には決まった通り道があり、その上に家を建てると、夜中にうなされるなどよくないことが起きる。また、夜中に何匹も連《つ》れ立って人間の家の湯に入りにやって来ることがあるが、あとで風呂桶《ふろおけ》を覗《のぞ》くと、ドロドロした脂《あぶら》が浮いて臭《くさ》くてたまらないという。

山童は大工道具《だいくどうぐ》の墨壺《すみつぼ》や金属が苦手なので、墨壺を使って線を引いたり、金物を持っていれば、近寄ってくることはない。

出現地域：高知県、熊本県、大分県、宮崎県
弱点：金属、墨壺、猿。

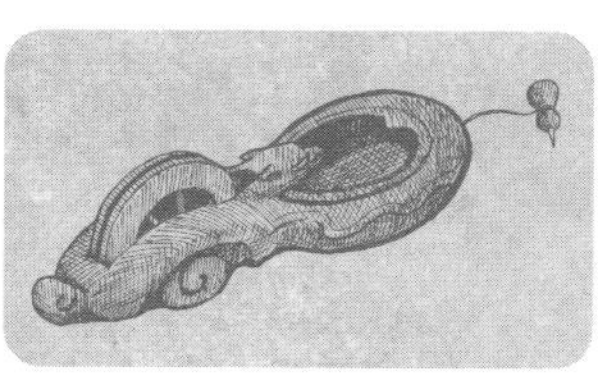

墨を染みこませた糸を使って板などにまっすぐな線を引く道具「墨壺」。

―其ノ拾―

加重妖怪《かじゅうようかい》・子泣き爺《こなきじじい》

四国の山中には、一つ目一本足の妖怪・山爺がいる。この妖怪と同じように子泣き爺も一本足ではないかともいわれている。

子泣き爺の伝承が残る徳島県三好市山城町には子泣き爺の像が立っている。

山の中で赤ん坊が泣いているような声を出す妖怪。姿《すがた》は老人で、抱き上げるとしがみついて離れなくなる。ふりほどけないでいると次第に重くなり、身動きが取れないまま、やがて命を奪《うば》われてしまう。

徳島県《とくしまけん》や高知県《こうちけん》には、同じように赤ちゃんの声で泣いたり、おんぶをせがむ「山爺《やまじじい》」や「ゴギャ泣き」という妖怪がいて、それらと関係があるといわれている。

山爺は「山じい」「山父」とも呼ばれる。大男や老人もしくは子供のような姿で、一つ目一本足。山の中に足跡《あしあと》を残したり、黄昏時《たそがれどき》に現れて道行く人に「背負《せお》ってくれ」とせがんだりするという。

ゴギャ泣きは「おんぎゃ泣き」「おぎゃ泣き」とも呼ばれる。山爺同様に赤ちゃんのような声で泣き、出会った人におんぶをせがむので、背負い紐《ひも》の一方をわざと短くして断ればいい。

子泣き爺は、このような妖怪の仲間、もしくはそれらの要素が集まって生まれた妖怪なのかもしれない。

青森県《あおもりけん》東津軽郡《ひがしつがるぐん》平内町《ひらないまち》には、身体は赤ちゃんで顔が老《ろう》婆《ば》の「子泣き婆《ばばあ》」という妖怪がいたと書かれた書物《しょもつ》があるが、子泣き爺との関係性については現在調査中《げんざいちょうさちゅう》である。

出現地域: 徳島県、高知県

弱点:無視されること、抱っこしてもらえないこと　趣味:大声で鳴きながら山中を徘徊すること。

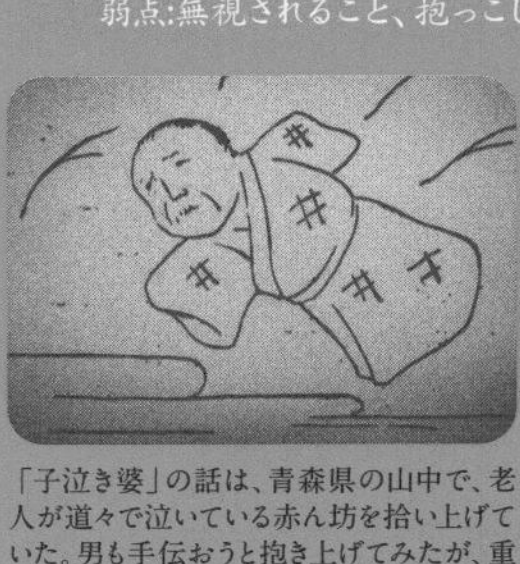

「子泣き婆」の話は、青森県の山中で、老人が道々で泣いている赤ん坊を拾い上げていた。男も手伝おうと抱き上げてみたが、重くて持ち上げれなかった。顔を見るとシワだらけの老婆だった、というもの。

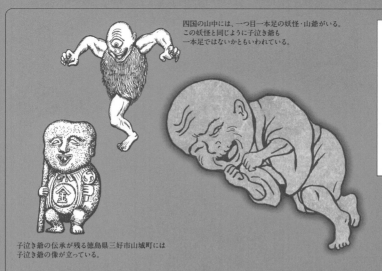

其ノ拾

加《か》重《じゅう》妖《よう》怪《かい》 子《こ》泣《な》き爺《じじい》

抱きついたら死ぬまで離れない

可愛さ：★☆☆☆☆
危険度：★★★☆☆
声の大きさ：★★★★★

身長
80センチ
体重
10キロから
380キロ

子泣き脳

厳しい山中で暮らすための様々なデータがつまっている。

子泣き耳

四キロ先の音を聞くことができる。山に入ってきた人の動きを素早く察知《さっち》する。

子泣き腕《うで》

しがみついたら離さない強力な腕力《わんりょく》を持つ。皮《ひ》膚《ふ》には人にくっつく吸盤《きゅうばん》のような機能《きのう》がある。

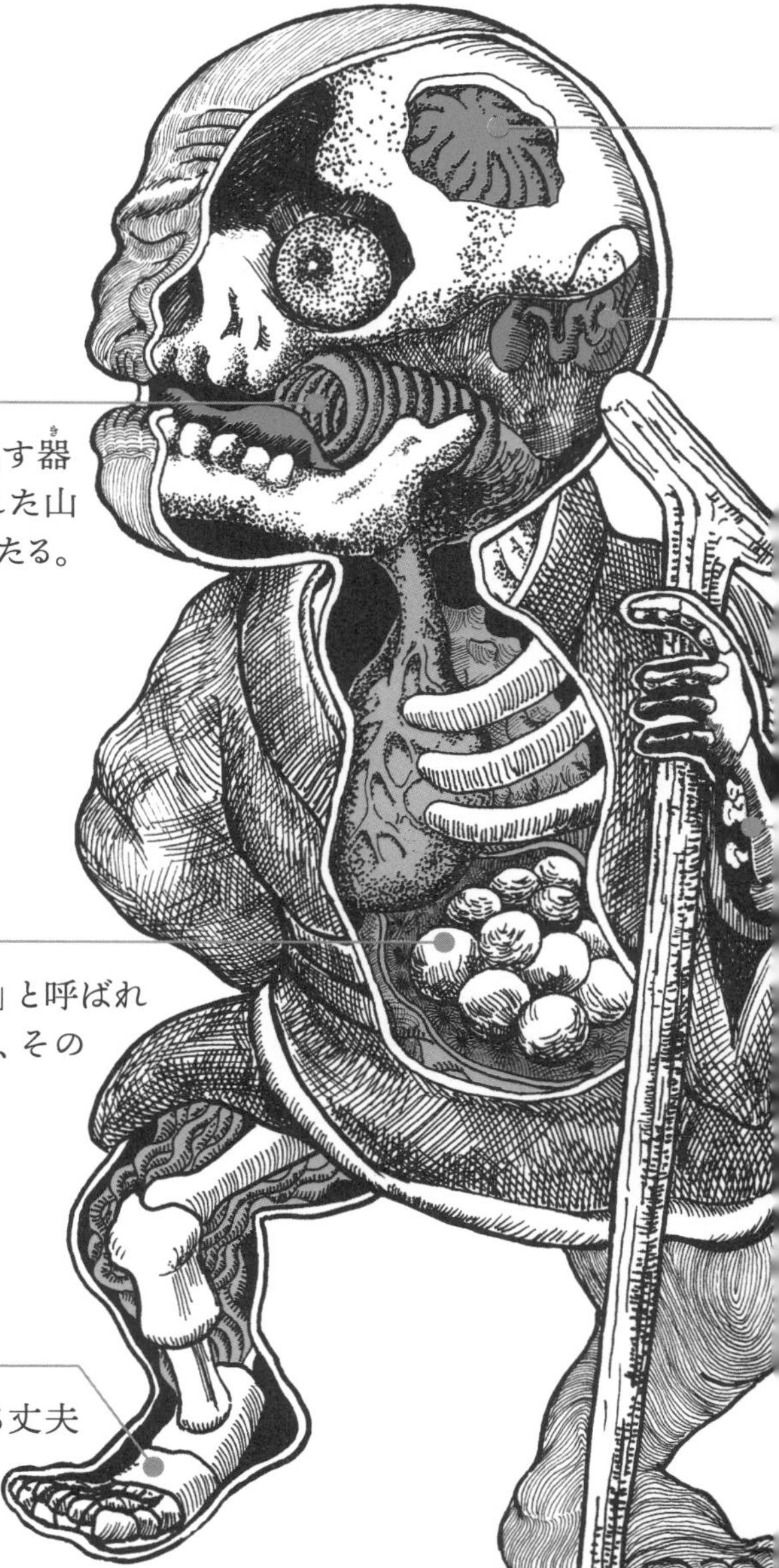

子泣き喉《のど》

赤ん坊のような声を出す器《き》官《かん》。その声は遠く離れた山のふもとにまで響《ひび》きわたる。

加重器官

お腹の中に「子泣き石」と呼ばれる物質を発生《はっせい》させて、その数だけ重くなる。

子泣き足

険《けわ》しい山道を歩き回る丈夫な足。地団駄《じだんだ》を踏《ふ》むと地鳴りが起きる。

―其ノ拾壱―

獄《ごく》卒《そつ》妖《よう》怪《かい》―鬼《おに》

金《かな》砕《さい》棒《ぼう》を振り回して人間を襲《おそ》う

凶《きょう》暴《ぼう》度：★★★★☆
知名度：★★★★★
変身技術：★★★★★

身長
2メートルから
3メートル
体重
150キロから
200キロ

鬼牙《きば》
生まれた時から生えている。生き物を骨《ほね》ごと噛《か》み砕《くだ》く。熱に強く、焼けた鉄をくわえても平気。

鬼爪《つめ》
三本の爪は、三つの悪徳「瞋恚《しんい》（怒り）」「貪婪《どんらん》（欲深さ）」「愚痴《ぐち》（おろかさ）」を象徴しているといわれる。

鬼足
強い脚力を持ち、踏《ふ》んばれば岩に穴《あな》があく。

金砕棒

鬼の金棒と呼ばれる、地獄《じごく》の業火《ごうか》で鍛錬《たんれん》された鉄でできた打撃武器《だげきぶき》。人間には重くて動かすこともできないが、怪力《かいりき》の鬼は自在に使いこなすぞ。

鬼肺《はい》

高山《こうざん》、地獄、地底《ちてい》など、どんなところでも暮らせる強い肺。

変身細胞《さいぼう》

身体の形を自由に変えることができる。人間に化けたり、身体を薄《うす》くして隙間《すきま》を通り抜けることもある。

邪気《じゃき》だまり

世の中のあらゆるものが持つ、妬《ねた》みや怨《うら》み、怒りといったマイナスの念をためこんで力の源《みなもと》にしている。

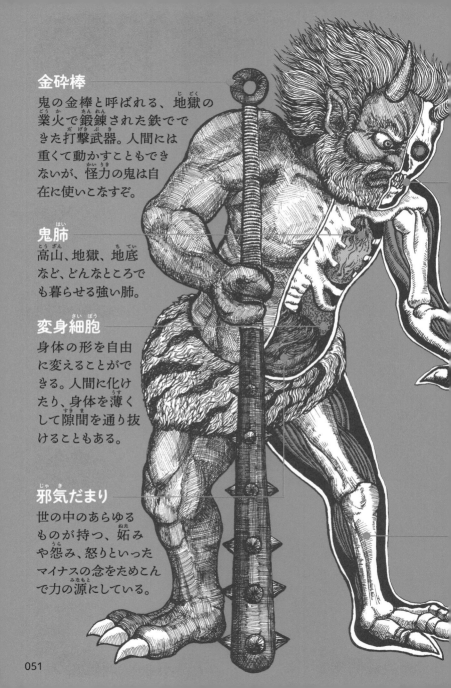

—其ノ拾壱— 獄卒妖怪《ごくそつようかい》・鬼《おに》

日本には歴史に名前が残された有名な鬼がたくさんいる。大江山の酒呑童子（しゅてんどうじ）／上、酒呑童子の子分・茨木童子（いばらきどうじ）／中、元興（がんこう）寺の鬼／下。

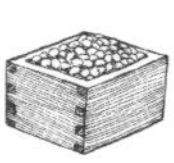

鬼は「魔滅」を意味する豆や、イワシを焼いた臭いなどを嫌う。また、大江山（現在の京都府）にいた鬼・酒呑童子は神変奇特酒という鬼の力を奪う酒を飲まされ、銘刀・安綱で討ち取られた。

昔《むかし》話《ばなし》や伝説《でんせつ》に数多く登場する、日本を代表する妖怪。頭に角を生《は》やし、するどい牙《きば》と爪《つめ》を持つ。たくましい肉体で、鉄でできた金砕棒《かなさいぼう》を軽々と振り回す。人里《ひとざと》離《はな》れた山に棲《す》み、里に下りてきては人を襲《おそ》う。

地獄《じごく》には閻魔大王《えんまだいおう》の下で亡《もう》者《じゃ》を責めていじめる仕事をしている鬼がいる。灼熱《しゃくねつ》の炎を扱うこともあるため、鉄で刀を作ったりする特殊技能《とくしゅぎのう》を身につけた鬼もいる。現在日本に残っている火や鉄に関する技術は、そんな鬼たちによって伝えられたものだともいわれている。

鬼には姿《すがた》形を自由に変える能力があり、美男美女や老人、時には水鳥や蜘蛛《くも》、鯉《こい》にも化けることがある。また、板のように薄《うす》くなって隙間《すきま》から家の中に侵入し、中で寝ている人間を押しつぶして殺したという事例も伝わっている。

まさに変幻自在《へんげんじざい》だが、もともとは姿形を持たない霊的《れいてき》な存在が、やがて実体を持つようになったようだ。

特徴的《とくちょうてき》な鬼の見た目である、牛のような角を生やし、虎《とら》の皮を腰に巻いた姿は、東北（丑寅《うしとら》＝牛虎）の方角からやって来て災《わざわ》いを起こすイメージからきている。

出現地域：全国　弱点：ヒイラギ、イワシ、豆、銘刀、神変奇特酒《じんべんきどくしゅ》
特技：姿を自由に変えられる。金砕棒を振り回す。

最近では言うことを聞かない悪い子を、親に代わって叱る電話サービスを始めた鬼もいるという。

―其ノ拾弐―
一眼一足妖怪《いちがんいっそくようかい》・一本《いっぽん》だたら

奈良県の伯母峰では、背中に笹の生えた巨大猪（猪笹王）の亡霊が化けたものといわれている。

傷を負った猪笹王は、身体の傷を温泉で癒していた。

奈《な》良《ら》県《けん》と三《み》重《え》県《けん》の境《さかい》にある大台《おおだい》ヶ《が》原《はら》、奈良県と和《わ》歌《か》山《やま》県《けん》の境にある果《はて》無《なし》山《さん》脈《みゃく》などに出るといわれる妖怪。「一つだたら」「一本足だたら」とも呼ばれる。

皿《さら》のように丸い一つ目で、一本足の怪物であるといわれているが、目《もく》撃《げき》者は極めて少ない。

「果ての二十日」と呼ばれる十二月二十日に山に入ると出《で》遭《あ》う。普段は危《き》害《がい》を加えることはないが、この日だけは人間を襲《おそ》うので山には入るのは避《さ》けた方がよい。

一本だたらは、ぴょんぴょん跳《と》びながら、またはクルクルと回転しながら移動する。一跳びで一間から二間（約一八二～三六四センチ）ほども動き、着地した際は雪の上に一尺《しゃく》（約三三センチ）ほどの丸い足《あし》跡《あと》を残す。

一本だたらは処刑された罪人が恨《うら》みを抱えて妖怪化したなどといわれるが、奈良県の伯《お》母《ば》峰《がみね》には、背中に熊《くま》笹《ざさ》の生えた巨大猪・猪《いの》笹《ささ》王《おう》の亡《ぼう》霊《れい》が化けた姿《すがた》だという説も残る。

猪笹王は猟《りょう》師《し》に鉄《てっ》砲《ぽう》で撃《う》たれた傷《きず》を、人間に化けて温泉で治そうとしていたところ、寝ている間に正体がばれてしまう。その後、猪笹王の亡霊は、一本足の怪物になって人を襲い暴れ回ったが、丹《たん》誠《せい》上《しょう》人《にん》という高僧によって封じこめられたそうだ。

出現地域：和歌山県、奈良県
特技：山道を身軽に跳び回る。

大台ヶ原では、昔から魔除けのお土産として様々な種類の一本だたら人形が売られてきた。

其ノ拾弐

一《いち》眼《がん》一《いっ》足《そく》妖《よう》怪《かい》――一《いっ》本《ぽん》だたら

十二月二十日に現れて人間を襲《おそ》う

身長
2メートル
80センチ
体重
250キロ

珍しさ…★★★★☆
ジャンプ力…★★★☆☆
見た目の奇妙さ…★★★★☆

一本だたら頭
硬い頭蓋骨《ずがいこつ》。頭突《ずつ》きは岩を粉々《こなごな》にしてしまうほど強力。

バランス器官《きかん》
空中で一回転しても平衡《へいこう》感覚を保てる。

一本だたら足
強力なバネのような力で三メートル以上も跳《と》ぶことができる。

一本だたら目

もともとは二つあったが、
片方だけが進化した。
吹雪《ふぶき》の中でも見通せる
視力を持っているが、
まっすぐ前しか
見ていない。

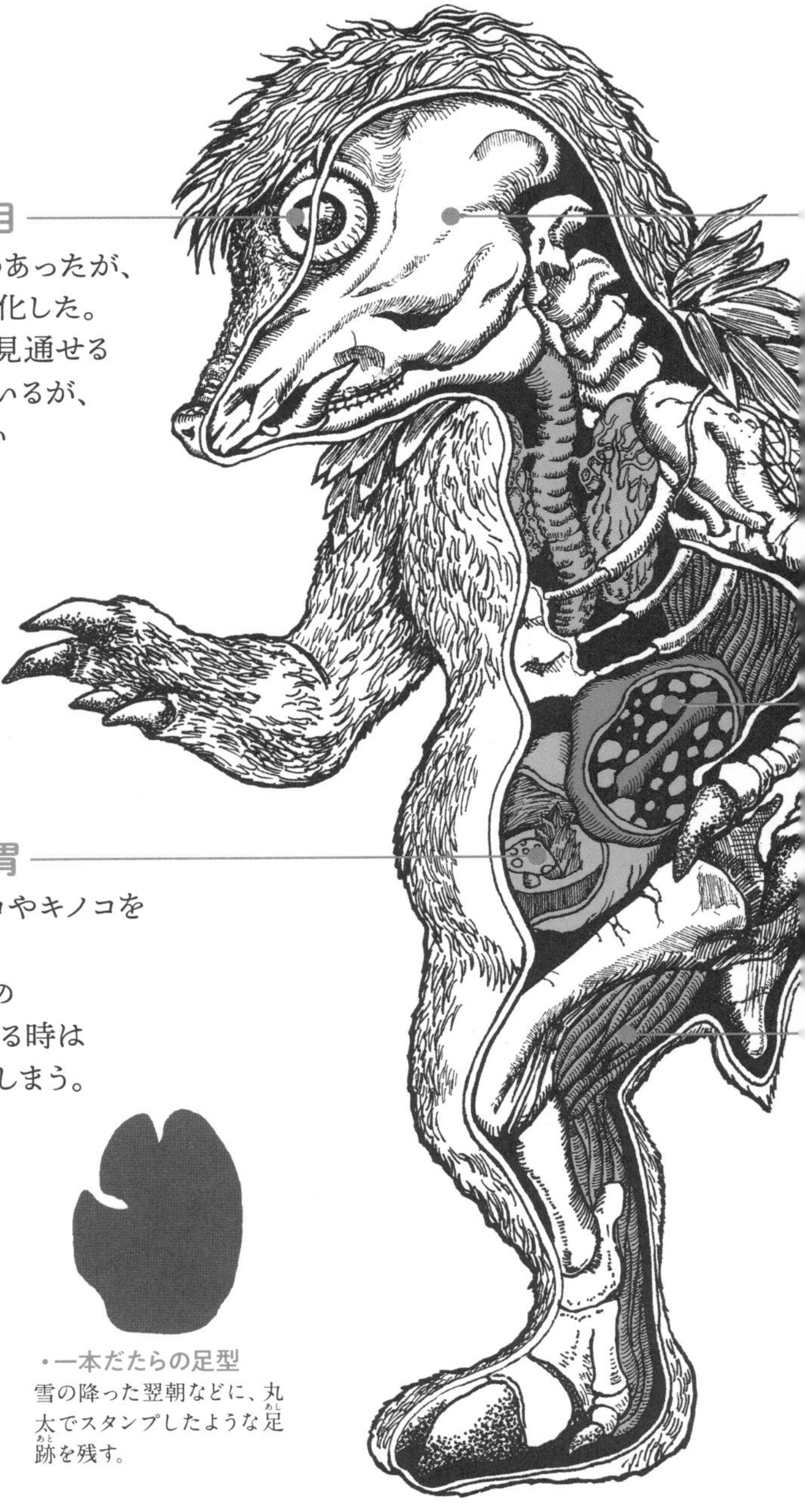

一本だたら胃

普段はタケノコやキノコを
食べているが、
果ての二十日の
凶暴《きょうぼう》化している時は
人間も食べてしまう。

・一本だたらの足型

雪の降った翌朝などに、丸太でスタンプしたような足《あし》跡《あと》を残す。

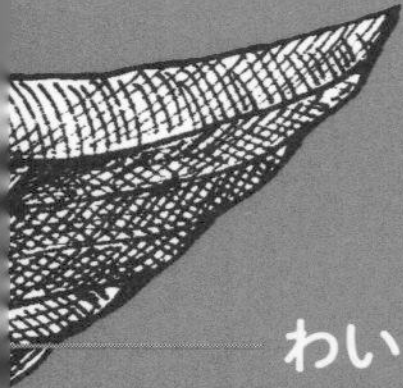

—其ノ拾参—

大食《おおぐ》い妖怪《ようかい》―わいら

獣《けもの》も人間も、なんでも食べる

身長
5メートル
体重
600キロ

認知度：★★☆☆☆
大食い度：★★★★★
器用《きよう》さ：★★★☆☆

わいら羽《はね》
岩場の巣《す》穴《あな》から飛び立ち獲物《えもの》を狙《ねら》う。突風《とっぷう》を起こすこともできる。

わいら胃
肉食で生き物ならなんでも食べる。モグラが好物《こうぶつ》。

わいら皮膚《ひふ》
毛に覆《おお》われた皮膚は分厚く、雄《おす》は土色、雌《めす》は赤色をしている。

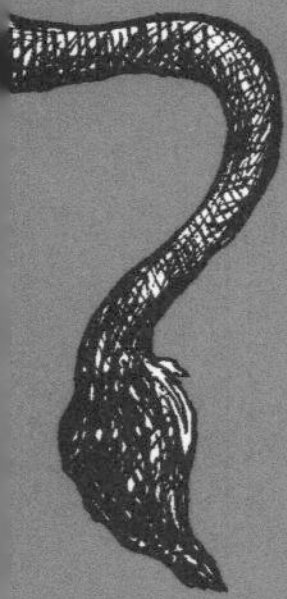

わいら爪《つめ》

三十センチの岩にも穴をあける。
爪先でモグラをほじくり出すような
器用さもある。

わいら腸《ちょう》

どんな硬い骨《ほね》でも消化できる。
そのフンは大きくてとても臭《くさ》い。

―其ノ拾参― 大食《おおぐ》い妖怪《ようかい》・わいら

絵巻に描かれた姿から、ガマガエルが妖怪化したものともいわれている。

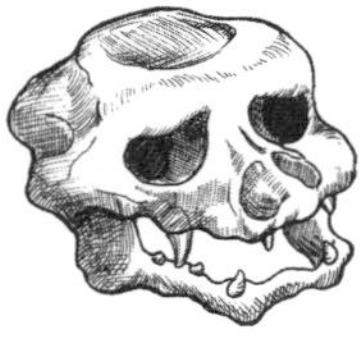

頭蓋骨標本。するどい牙と強力な顎を持っている。

江戸時代《えどじだい》の絵巻《えまき》などに、地面を這《は》うような姿《すがた》で描《えが》かれた怪物。前足に鉤爪《かぎづめ》があるのが特徴《とくちょう》。絵巻によっては緑の体色で描かれているため、年を経《へ》たカエルの妖怪ではないかともいわれる。

古い絵には下半身が描かれておらず全体の姿がわかっていなかったが、昭和に入って出版された妖怪図鑑には、西《せい》洋《よう》のグリフォンやキメラのような、羽《はね》の生えた猛獣の姿で描かれるようになった。鳥か獣《けもの》かは見分けがつかない。

山中の岩穴に棲《す》み、鳥や獣を食べているが、たまに人間も襲《おそ》って食べる。

本書のわいらにも羽があり、足も鳥のようである。身体はカエルというより、牛に近く尻尾《しっぽ》もある。キメラ的妖怪として、わいらという名前はワシ＋猪＋ライオンの頭文字《かしらもじ》を合わせたものだという学者もいたが、その説が広まることはなかった。

この解剖図《かいぼうず》は野田元斎《のだげんさい》が描き記したものだと伝えられている。元斎はわいらを目撃《もくげき》したといわれる人物で、彼が遭《そう》遇《ぐう》したわいらは山中でモグラを食べていたという。また、雄《おす》は土色、雌《めす》は赤色をしているなど、謎《なぞ》とされていた妖怪について細かく記述している。

出現地域：茨城県　弱点：食べるものがなくなること。　好物：肉類（動物や人間）。

昭和の妖怪図鑑には、ライオンとクマのような胴体にワシの羽をつけた五メートルの巨大な妖獣と記されている。

―其ノ拾肆―

冷凍妖怪《れいとうようかい》・雪女《ゆきおんな》

東京都青梅市辺りには「雪座頭」と呼ばれる雪女が出た。座頭というのはお坊さんのことだが、尼僧（女性のお坊さん）のこともそう呼んだので、お坊さん姿の雪女だったようだ。

子供を抱いているものがいるが、満月の夜にたくさんの子供を連れて現れる雪女もいる。雪女の子供は「雪ん子」とも呼ばれ、近年では笠をかぶった姿の妖怪として描かれることが多い。

透き通るような白い肌に、白い着物を着て、雪の日に現れる女の妖怪。人間の精気《せいき》を吸い取ったり、凍死《とうし》させたりするので、姿《すがた》を見ても声をかけてはいけない。「雪《ゆき》女郎《じょろう》」「雪おなご」「雪座頭《ゆきざとう》」など、地域《ちいき》によって呼び名や性質は異なる。子連《こづ》れの雪女もいるが、頼まれてその子をうっかり抱くとどんどん重くなり、やがて雪に埋もれて命を落とすことになる。そんな時は、小刀《こがたな》を子供の頭に向けてくわえて抱くと難《なん》を逃れられる。子供を抱かせる妖怪「産女《うぶめ》」と似ているが、雪女の子供は重くなるだけではなく、身体も大きくなるという。

雪女は出会った人間の命を奪《うば》うが、若い男性の場合《ばあい》は、見たことを誰にも言わないことを条件に見逃してくれることもある。

さらに、気に入った男性には後日、人間に化けて嫁入《よめい》りを申し込んでくることもある。約束を守って暮らせば、気立てがよく、子宝にも恵まれ、幸せな家庭を築くことができる。しかし約束を忘れて雪女を見たことを口にしてしまうと、命を奪われたり、子供だけ残して山に帰られてしまう。

熱に弱いので、無理に風呂《ふろ》に入れたり、火に近づけると溶けてなくなってしまう。

東北地方や新潟県《にいがたけん》には、つららが人間に化けた妖怪「つらら女」がいるが、これも雪女の仲間といわれている。

対処法：話しかけたり、道をゆずったりしないで、一気に走り抜ける。一緒に生活する際は風呂をすすめず、雪女との約束を守って一生を送る。

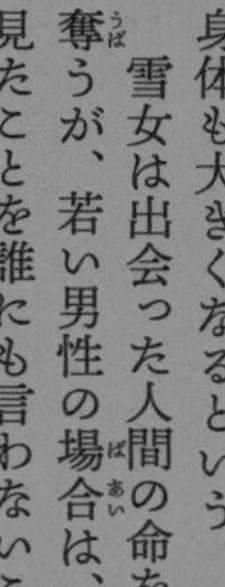

雪女は一本足であるともいわれる。この妖怪が山の神との関連が深いことをうかがわせる。

其ノ拾肆

冷凍妖怪《れいとうようかい》 — 雪女《ゆきおんな》

雪が降る日に現れる白い肌の女

冷たさ…★★★★★
情の深さ…★★★☆☆
美人度…★★★★☆

身長
1メートル45センチ
から3メートル
身長
45キロから
130キロ

雪女心臓《しんぞう》

雪女の核《かく》のようなもの。雪の結晶が形成されるように、ここを中心に肉体が作られている。

昭和時代の特撮番組などでは、雪女が巨大化《きょだいか》することもあった。雪山の持つ膨大《ぼうだい》なエネルギーが生命力である雪女にとって、身体の大きさを変えることくらいは思いのままなのかもしれない。

雪女足

雪の上でも素早く静かに歩くことができる。地方によっては足が一本のものもいる。

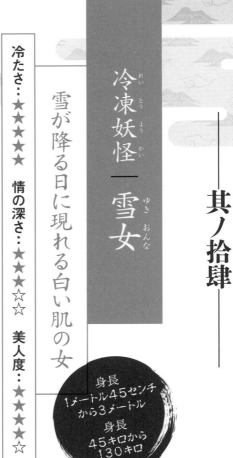

雪女脳
出会った人間の命を奪《うば》う冷酷《れいこく》さを持つ反面、好きになった人間には一生添《そ》いとげる情の深さもある。約束したことはいつまでも忘れずに覚えている。
雪女口
冷たい息を吐く。浴びせられた人はあっという間に凍《こお》りついてしまう。
雪女手
非常に冷たい。触《ふ》れたものを凍りつかせることもできる。
雪女胃
人間の魂《たましい》や精気《せいき》を栄養にしている。

―其ノ拾伍―

灼《しゃく》熱《ねつ》妖《よう》怪《かい》―魃《ひでりがみ》

熱風を吐いて旱《かん》魃《ばつ》を起こす

足の速さ：★★★★☆
降水確率：☆☆☆☆☆
熱血度：★★★★★

身長
40センチから
60センチ
体重
50キロ

魃のいる場所には雨が降らず、
いつも晴れている。

ひでり肺《はい》

ふいご状の肺で大気を取りこみ、熱風にして吐き出す。

マグマ袋

マグマのように煮えたぎった血《けつ》液《えき》を蓄《たくわ》えている。ここから血液を送ることで、皮《ひ》膚《ふ》から発する熱の温度を上げることができる。

ひでり足

一本足だが、異常に発達した筋肉を持っており、風のように走り回ることができる。

ひでり鼻

熱い吐息《といき》を吐き出して、草木を枯《か》らしてしまう。汚水《おすい》や腐敗《ふはい》したものなどの発する臭《にお》いに敏感《びんかん》。

ひでり腕《うで》

炎の気がめぐっている。その手で触《ふ》れたものを燃やし尽くしてしまう。器用《きよう》さもある。

ひでり核《かく》

お腹の中心にある心臓《しんぞう》のような器《き》官《かん》。小さな太陽のように、常に燃えたぎっている。

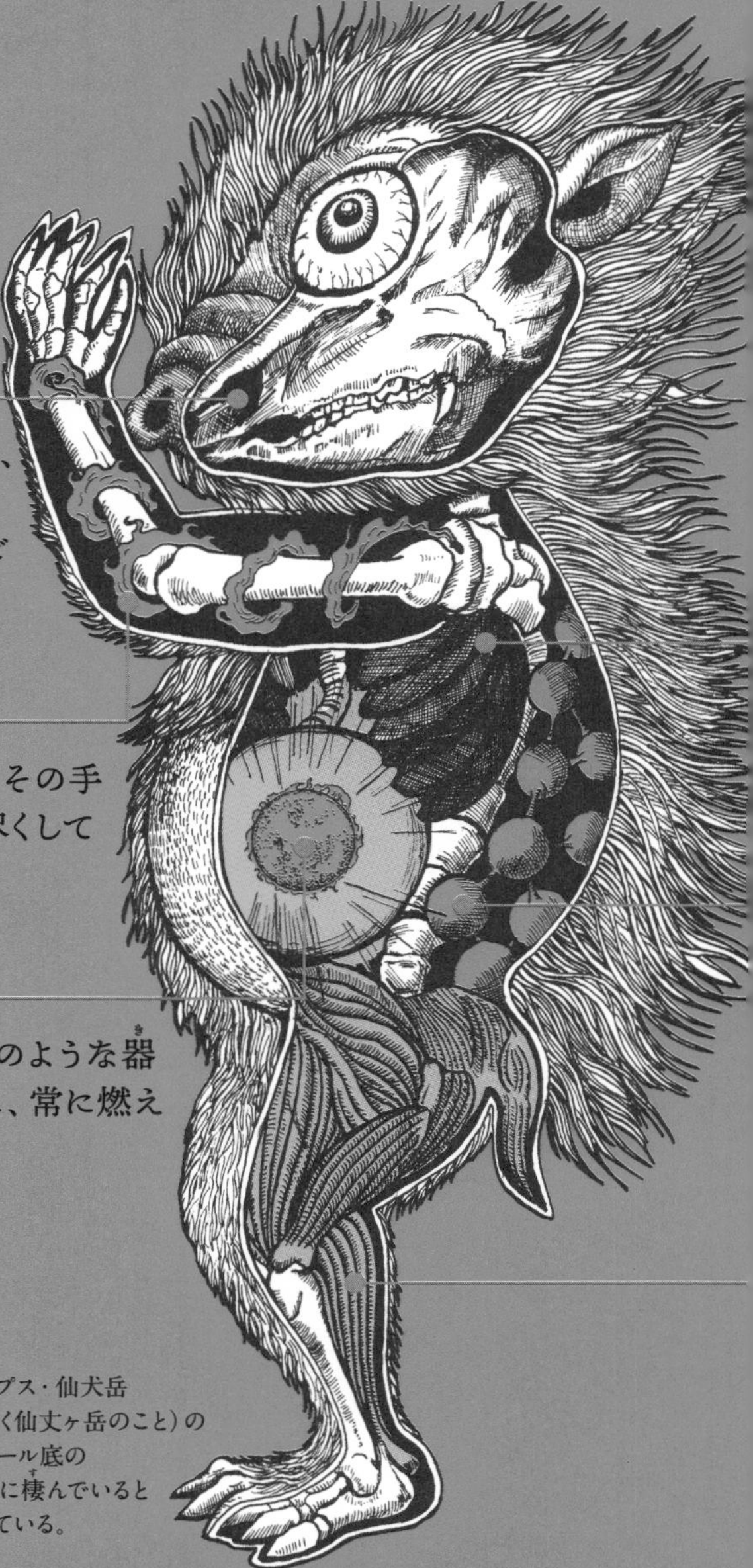

南アルプス・仙犬岳（おそらく仙丈ヶ岳のこと）の藪沢カール底の大氷河に棲《す》んでいるといわれている。

―其ノ拾伍―

灼熱妖怪《しゃくねつようかい》・魃《ひでりがみ》

中国の古い図解書には、人の顔をした手足が一本ずつの猿のような姿で描かれている。

汚水に浸かると力を失うので、厠に投げこむとよい。

「ばっ」とも呼ばれる。日照りを続かせ、旱《かん》魃《ばつ》を起こす妖怪。

全身は毛で覆《おお》われ、頭に目が一つ、手足が一本ずつあり、常に全身から高熱を発している。そこにいるだけで雨雲を蹴《け》散《ち》らし、大地の水を干上がらせてしまうのだ。

もともとは中国からやって来た、晴れをもたらす「妭《ばつ》」という美しい女神だった。体内に膨大《ぼうだい》な熱を宿し、風雨を消し去ることからありがたがられたが、居座ると田畑が乾いて不作になってしまうので、北の山の中に閉じこめられた。時折、山を出て里にやって来ては旱魃を起こしたが、その度に人々が祈りを捧げて山に帰した。

人々に嫌われ、長い間、山に閉じこめられているうちに怪物と化してしまったようだ。風のような速さで走り、魃のいる場所では雨が降らず、池や川も干上がってしまう。

もとは晴れを呼ぶ妖怪だけに、汚れているものが苦手なので、汚れた水に浸かると能力を失ってしまう。

動きが速いので難しいが、捕《つか》まえて厠《かわや》（水洗ではない昔のトイレ）に投げこめば、退治することができる。

出現地域：長野県、山梨県　出身地：中国
弱点：汚れた水や汚れた場所。　対処法：人里離れた山に閉じこめる。

魃のいる所は雨が降らず、川も池も干からびてしまう。

—其ノ拾陸— 魔道妖怪《まどうようかい》・天狗《てんぐ》

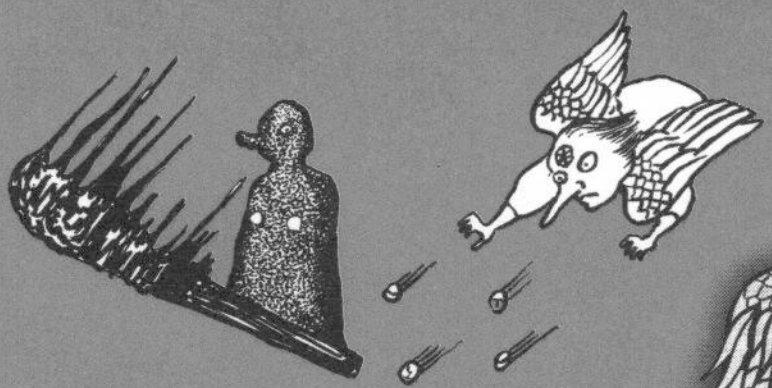

石の雨を降らせる天狗つぶて（右）、
木が倒れてくるような音をさせる天狗倒し（左）
などのイタズラをする。

天狗にさらわれて不思議な体験をしたり、特殊な能力を身につけた人もいる。

神《じん》通力《つうりき》を持った妖怪。赤ら顔で鼻が長く、一本歯の下駄《げた》を履いた姿《すがた》が有名だが、くちばしのある鳥のようなもの、人間と変わらない仙人のような姿のものもいる。

けし粒大《つぶだい》から数十メートルまで身体の大きさを自由に変え、特殊《とくしゅ》な蓑《みの》を身にまとうことで姿を消すことができる。

背中の翼《つばさ》で空を飛び人間をさらう他、山中に木を切り倒す音を響《ひび》かせたり、石の雨を降らせたり、様々な怪異《かいい》を起こす。また、手に持つ羽《は》うちわで風を自在に操《あやつ》り、雷鳴を轟《とどろ》かせ、火事を引き起こしたりもする。

こうした天変地異《てんぺんちい》を引き起こす能力を持っているのは、天狗が宇宙から隕石《いんせき》のように降ってきた生命体だからともいわれている。

出現地域：全国各地
弱点：鉄砲を撃つ音のような大きな音。魚のサバが嫌い。子供がさらわれそうになったら、「サバ食った」と唱えれば逃げることができる。
好物：酒、うどん、人のいさかい、争いごと。

天狗は地球上では繁殖《はんしょく》できないため、人間を天狗として育てることで仲間を増やす。文献には天狗にさらわれて特殊な能力を身につけた人や、人間でありながら天狗と化した人の記録が数多く残っている。

地球の山中に居場所を見つけた天狗は、様々な能力を駆使して人間に災《わざわ》いを起こし、恐れられるようになったが、中には人に味方して、神様として祀《まつ》られるようになったものもいる。

天狗は鼻高タイプ、鳥タイプ、隕石タイプなど、目撃された時期や場所で姿が異なる。

其ノ拾陸

魔《ま》道《どう》妖《よう》怪《かい》 天《てん》狗《ぐ》

背中の翼《つばさ》で空を飛び人間をさらう

鼻の高さ：★★★★★
ナルシスト度：★★★★★
神《じん》通《つう》力《りき》：★★★★☆

身長
2メートル
(0.5ミリメートルから、
50メートルに変化できる)
体重
180キロ
(2ミリグラムから、
45000トン)

天狗鼻
高いほど偉《えら》いとされるが、その分、うぬぼれ屋で高《たか》飛《び》車《しゃ》な性格にもなる。

天狗肝《きも》
憎しみや妬《ねた》みなど、人にとってはマイナスの感情をエネルギーにしている。

天狗足
ひとっ飛びで大きな木のてっぺんまでジャンプできる。

天狗の羽《は》うちわ

天狗の羽《はね》で作られたうちわ。強い妖力《ようりょく》を宿している。風をあおり、炎を自由自在に操《あやつ》ることができる。

天狗喉《のど》

笑い声は山谷に響《ひび》き、咆哮《ほうこう》は天空に轟《とどろ》く。山の中で木が倒れるような音をさせて驚《おどろ》かせることもある。

つぶて製造器

老廃物《ろうはいぶつ》をためて石状に固めたものを手から撃《う》ち出す。

天狗爪《つめ》

硬く鋭《するど》い爪。とがらせるために岩で研《と》いでいる。メガロドンという昔のサメの歯のような形をしている。

妖怪と幽霊は違うの？

日本民俗学の生みの親・柳田《やなぎた》國《くに》男《お》（1875-1962）は、妖怪《ようかい》と幽霊《ゆうれい》は違うものだと言った。

柳田は両者の違いを、「妖怪は、土地に憑《つ》いていて出る場所が決まっているので、そこを避《さ》ければ出遭《であ》うことはないが、幽霊は人に憑くので狙《ねら》った相手のもとにところかまわず現れる。また、妖怪はある程度姿《すがた》形がわからないと存在を認めてもらえないので夕方や明け方の薄暗《うすぐら》い時間に現れるが、幽霊は人の寝静まった丑三《うしみ》つ時《どき》に現れる」などと記している。

しかし、最近の調査で、この定義に当てはまらないものがあることがわかってきた。

野田元三《のだげんぞう》は妖怪を「世の中のあらゆる物から生じた霊《れい》的な存在」と定義していて、幽霊も妖怪の中に含まれると考えていたようだ。キツネやタヌキなどの生き物だけに限らず、石や木など、この世に存在するあらゆる物が化けたものが妖怪だというのだ。当然、人間も例外ではない。この解剖図《かいぼうず》集に、幽霊が含まれているのはそのためである。

死者が生前の姿で現れるのが幽霊だが、別の姿に大きく変貌を遂げて現れることもある。闇《やみ》に心を支配された者が鬼《おに》になったり、恨《うら》みのあまり大蛇《だいじゃ》になったりしたのが、その例だ。

人間だって油断していたら、思いもかけない妖怪になってしまうので、注意が必要だ。

【幽霊も妖怪の一種である】

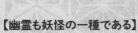

道の妖怪

其ノ拾漆

疾《しっ》風《ぷう》妖《よう》怪《かい》—鎌《かま》鼬《いたち》

つむじ風の中で人間を斬《き》る

爪《つめ》の鋭《するど》さ…★★★★★

スピード…★★★★★

レア度…★☆☆☆☆

身長
40センチ
体重
700グラム

鎌鼬喉《のど》

口から吐き出す息で旋《せん》風《ぷう》を起こす。

栄養袋

全身にあり、人から吸い取った血や、草木を枯《か》らす陰《いん》の気などをためこむ。

鎌鼬エラ

大気中の陰の気だけを取りこみ、空気を吐き出す。この噴《ふん》射《しゃ》力《りょく》でホバークラフトのように空中に浮かぶことができる。

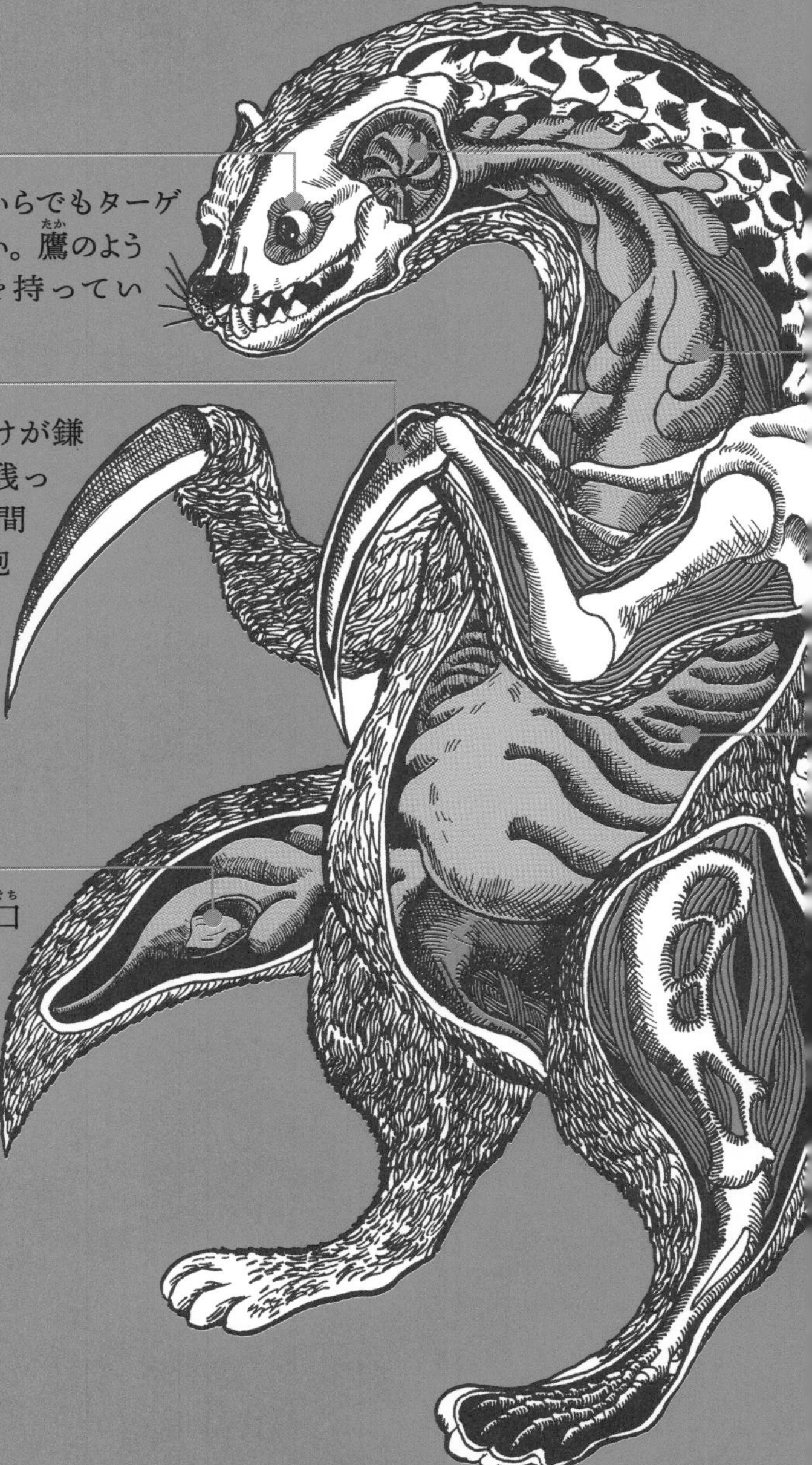

鎌鼬目

つむじ風の中からでもターゲットを見逃さない。鷹《たか》のような動体視力を持っている。

鎌鼬爪

指一本の爪だけが鎌状に変化して残った。爪先は人間の細胞《さいぼう》と細胞の隙間《すきま》を切り裂《さ》くほど研《と》ぎすまされている。

薬袋《くすりぶくろ》

斬りつけた傷口《きずぐち》にふりかけると、一瞬にして血が止まる特殊《とくしゅ》な液体《えきたい》を生成する。

—其ノ拾漆—　疾風妖怪《しっぷうようかい》・鎌鼬《かまいたち》

岐阜県飛騨地方の鎌鼬は三匹一組で行動する。

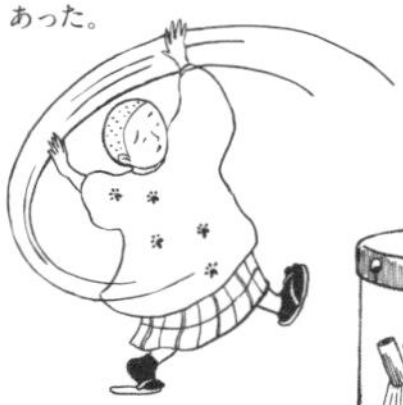

江戸時代、つむじ風に巻きこまれた子供の背中にイタチのような足跡が無数に発見された事件があった。

明治時代、鎌鼬現象はつむじ風の中に生じた真空状態で起こるといわれていたが、科学的な根拠がないことがわかってきた。

つむじ風とともにやって来て、鋭《するど》い爪《つめ》で人間を斬《き》りつける通《とお》り魔《ま》のような妖怪。つむじ風の中に潜《ひそ》み、巻きこまれた人間を斬るが、その傷《きず》に痛みはなく血も出ない。身に覚えがないのに身体に傷ができていたら、それはこの妖怪の仕業《しわざ》だ。

岐阜県《ぎふけん》の鎌鼬は三匹一組で行動する。一匹目が人を転ばせ、二匹目が斬りつけ、三匹目は傷口に薬《くすり》を塗るので血が出ないのだ。

人間を斬りつける理由は定かではなかったが、新潟県《にいがたけん》などに残る記録によると、傷口から出る血を吸っているのではないかといわれている。

鎌鼬に斬られた傷が痛んだ時は古い暦《こよみ》を懐《ふところ》に入れたり、傷口をなでたりすると和らぐ。また黒焼きにした灰を塗ったり、水で飲むと治りが早い。暦を粗末に扱うと鎌鼬に遭《あ》うと伝わる地方もあるので、暦の持つ呪力《じゅりょく》となんらかの関係があるようだ。

明治時代に、「傷ができるのはつむじ風の中に生じた真空によって皮膚《ひふ》が切れる自然現象《げんしょう》だ」という科学的な説明が主流となったため、鎌鼬は一気にその生存数を減らした。

しかし、近年《きんねん》、その説に根拠がないということがわかってきたので、また妖怪としての存在感が増してくるかもしれない。

出現地域：全国各地
弱点：陽の気。自らの力では30センチほどしか飛び上がれない。
対処法：古い暦を大切に持ち歩く。

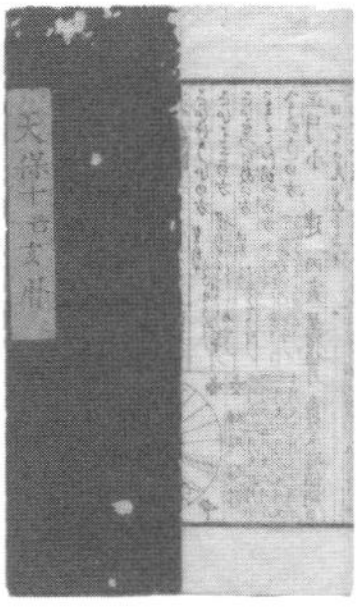

鎌鼬の傷に効果がある古い暦。

―其ノ拾捌― 犬《いぬ》型《がた》妖《よう》怪《かい》・すねこすり

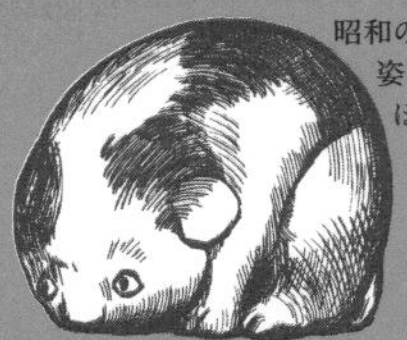

昭和の時代に犬の根付けをモチーフに姿が描かれたが、その根付けが猫っぽい姿だったため、後に猫の妖怪として扱われることも多くなった。

すねこすりには「股くぐり」や「すねっころがし」といった仲間が存在する。

すねこすりは犬のような妖怪といわれているが、岡山県有漢町（現・高梁市）ではその正体はタヌキだといわれている。

岡《おか》山《やま》県《けん》に現れた犬のような姿《すがた》をした妖怪。雨の夜に現れ、足の間をすり抜けて、すね（膝《ひざ》からくるぶしまでのことをいう）をこすって人を驚《おどろ》かせることから、この名前で呼ばれる。夜にお使いを頼まれた子供の恐怖心が生み出した妖怪であるともいわれている。

出現場所がわかっているものもあり、岡山県井《い》原《ばら》市《し》の井《い》領《ろん》堂《どう》というお堂の前に現れたという記録が残っている。

岡山県内には「股《また》くぐり」「コロビッチ」や「すねっころがし」といった、すねこすりの亜種ともいえる妖怪の伝《でん》承《しょう》が残っている。いずれも、すね周辺にまとわりつく妖怪だ。

すねをこする以外は大した悪戯《いたずら》をしないと思われていたが、解剖図《かいぼうず》を見ると、一本一本の毛が端子のように細胞《さいぼう》から伸びているのがわかる。すねこすりは、身体をこすりつけることで、人の身体から精《せい》気《き》を吸い取ってエネルギーにしているのだ。雨の日に現れるのは、水に濡れている方が、より伝導率が上がるからと考えられる。

沖縄県《おきなわけん》には、股の下をくぐるだけで人間の命を奪《うば》ってしまう「片耳豚《カタキラウワ》」や「耳無豚《ミンキラウワ》」という妖怪がいるが、すねこすりも命を奪うほどの精気を必要としないだけで、同じ種類の妖怪なのかもしれない。

出現地域：岡山県
対処法：膝から下をガードする。雨の夜はその場所を通らない。

人の股の間をすり抜け、命まで奪ってしまう豚の妖怪、片耳豚。

其ノ拾捌

犬《いぬ》型《がた》妖《よう》怪《かい》 ― すねこすり

すねをこすって人間を驚《おどろ》かせる

絡み付き度：★★★★★
有害度：★☆☆☆☆
可愛さ：★★★★☆

身長
50センチ
体重
850グラム

すねこすり目
暗《くら》闇《やみ》でもターゲットの膝《ひざ》を見逃さない。

エネルギー袋
人間から吸い取った精《せい》気《き》を吸収して蓄《たくわ》える器《き》官《かん》。身体のいたる所にあり、どこからでも精気を吸収できる。

すねこすり毛

人間の身体にこすりつけることで、精気を吸収する。また体内電《でん》気《き》を放出することで、相手を転ばせることもできる。

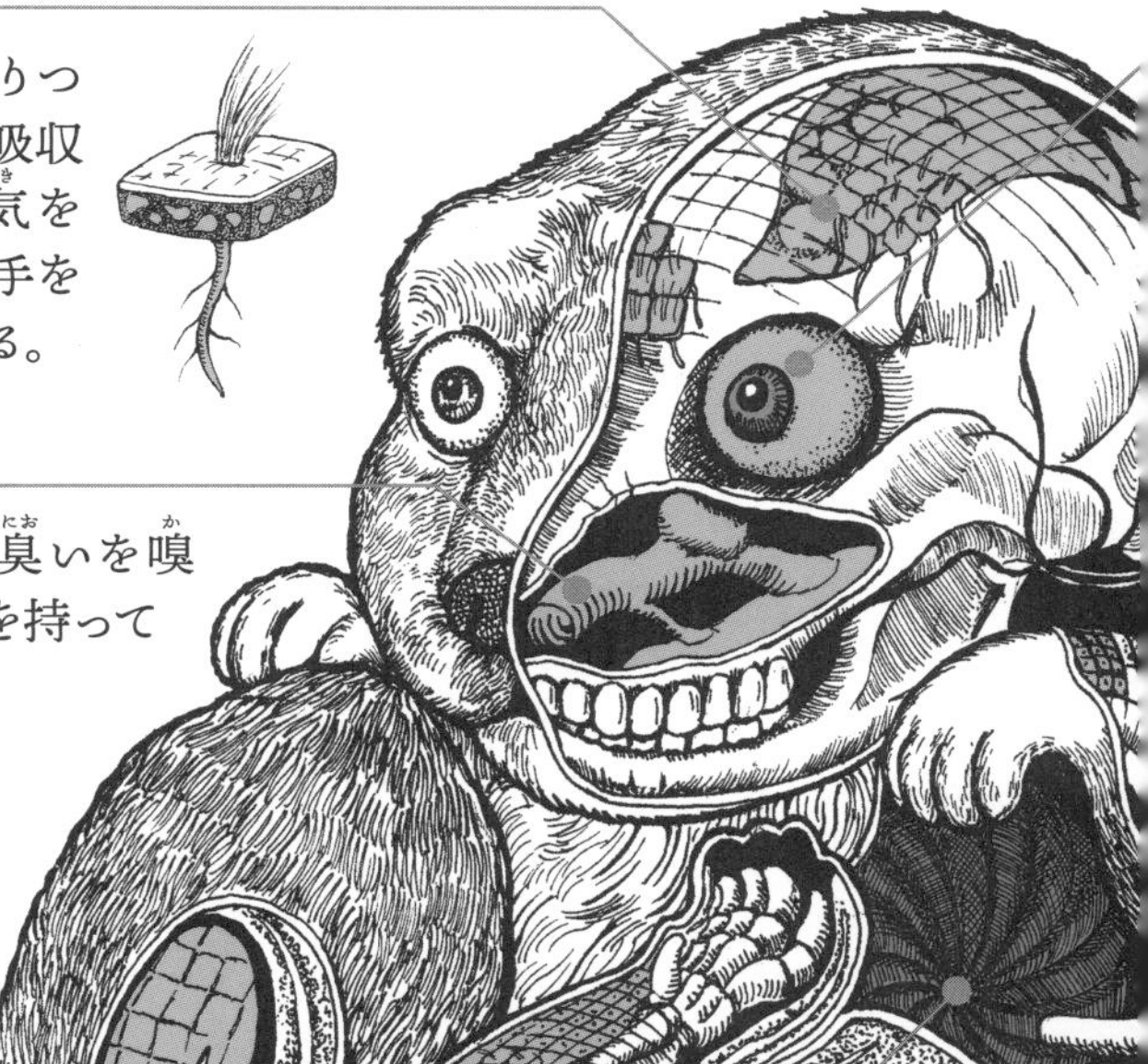

すねこすり鼻

雨の中でも人間の臭《にお》いを嗅《か》ぎ分ける鋭《するど》い嗅覚《きゅうかく》を持っている。

発電器官

体内電気を作る器官。放電すると、触《ふ》れた相手をはじき飛ばすことができる。昔のサメの歯のような形をしている。

其ノ拾玖

通《とお》せんぼ妖《よう》怪《かい》―ぬりかべ

夜道に現れ、人の行く手をはばむ

ガードの堅さ…★★★★★
計算の速さ…★★★★☆
嗅《きゅう》覚《かく》…★★★★☆

身長
縦2メートル、
横2メートル～
10メートル
体重
250キロ

ぬりかべ細胞《さいぼう》
ぬりかべ脳からの指令を受けて大きさを変化させる。横に広がるので、上の方を棒《ぼう》で払っても手ごたえがない。

ぬりかべ耳
静かな場所を好むので、普段は耳状の肉を被《かぶ》せることで外界《がいかい》の騒音《そうおん》をシャットアウトしている。近年《きんねん》ぬりかべが音が聞こえないといわれるようになったのは、この機能《きのう》があるからのようだ。

ぬりかべ鼻
嗅覚で人間の存在をキャッチする。タバコの臭《にお》いが苦手。

ぬりかべ脳

道の幅《はば》や空間の広さを計算して、細胞に指令を出す。

ぬりかべ目

様々な角度から対象《たいしょう》を把握《はあく》するため、細胞の中から、次々と生まれては消える。

ぬりかべ牙《きば》

地面に突き刺すことで、身体を安定させる。道をふさがれた場《ば》合《あい》はここを棒で払うとよい。

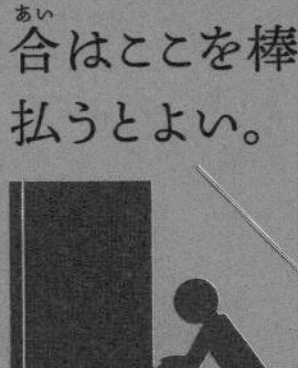

―其ノ拾玖― 通《とお》せんぼ妖《よう》怪《かい》・ぬりかべ

漫画家・水木しげるが描いたことで、壁状の妖怪というキャラクターが定着した。

ぬりかべの正体は、タヌキやイタチであるともいわれている。

近年、ぬりかべは人の心に壁を作る妖怪として扱われている。

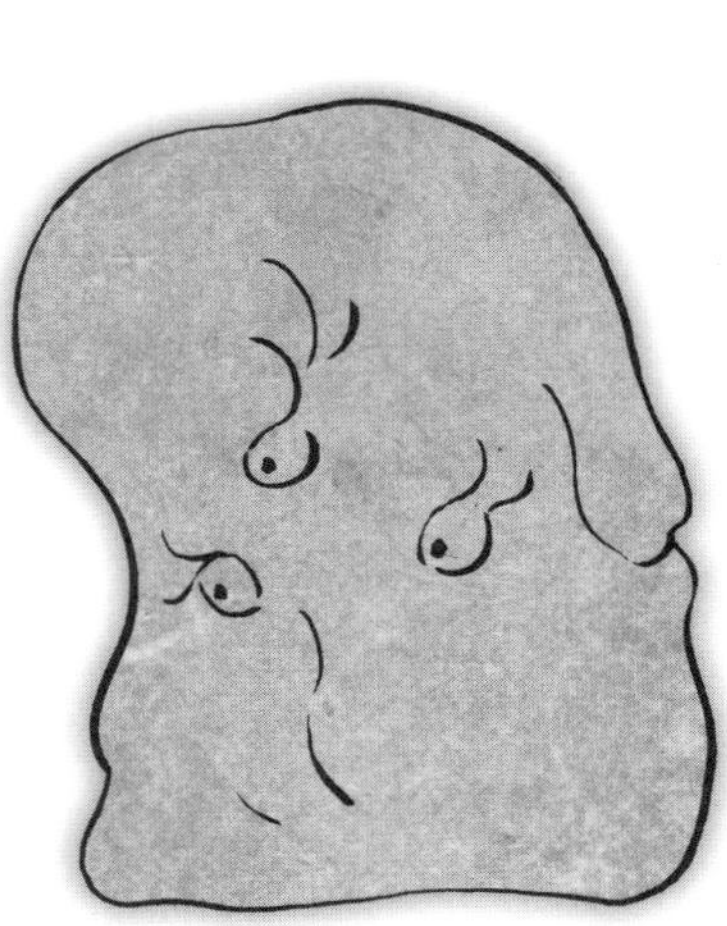

九州地方に伝わる、夜道に現れて行く手をはばむ妖怪。

筑《ちく》前《ぜん》遠《おん》賀《が》郡《ぐん》の海岸では、夜道を歩いていると行く先が壁《かべ》になる。棒《ぼう》で下の方を払うと消えるが、上の方を叩いてもどうにもならない。

熊《くま》本《もと》県《けん》の「塗《ぬ》り壁」は目の前に真っ白い壁を作る。前が見えなくなるが、無理に進むと溝《みぞ》に落ちたりするので、心を落ち着けて壁を手で塗り回すまねをすれば消える。

大《おお》分《いた》県《けん》臼《うす》杵《き》市《し》では「かべぬり」と呼ばれ、この妖怪に遭《あ》うと一寸先も見えなくなるが、タヌキか狐《きつね》が陰《いん》嚢《のう》を広げて目隠しをしているだけなので火をつけるとよい。

このように、正体をなにかの動物とする地方もあるが、解《かい》剖《ぼう》図《ず》を見ると、既《き》存《ぞん》の生物ではないようである。

似たような妖怪に長《なが》崎《さき》県《けん》壱《い》岐《き》島《しま》に出たという「塗り坊《ぼう》」、高《こう》知《ち》県《けん》に伝わる「野《の》襖《ぶすま》」がいる。塗り坊は横から突き出るように飛び出して人を驚《おどろ》かせ、野襖は野に襖のような壁を立てるといわれている。

真っ暗な闇《やみ》がなくなりつつある現代では、伝《でん》承《しょう》のようなぬりかべが活躍する場面が少なくなっていたが、最近では人の心に壁を作る妖怪として扱われるなど、時代に合わせて進化しているようだ。

出現地域：福岡県、熊本県、大分県など
対処法：通れるようになるまで一服する。足下を棒で払う。

長崎県壱岐島に現れた妖怪「塗り坊」。
横から突き出るように現れる。

——其ノ弐拾—— 木霊陰火《もくれいいんか》・鶴瓶火《つるべび》

京都府曽我部村寺の
田の中に出た鶴瓶おろしは、
与力松と呼ばれる松の木から
生首が降りてきて、人を食べる。

鶴瓶火の炎は年を経た
大木の気が集まってできた陰火だという。

真っ赤に焼けた鍋が
落ちてきて、子供をさらう
「鍋おろし」(左)、
赤ちゃんを入れるカゴ(イジコ)が
落ちてきて子供をさらう
「イジコ」(右)。

「鶴瓶落とし」（または「鶴瓶おろし」）は松、杉、欅《けやき》、カヤなどの年輪を重ねた大木の上から降りてきて人を襲《おそ》う妖怪だ。釣瓶の形をしていることもあれば、人間の首の姿《すがた》で落ちてくることもある。「夜業《やぎょう》すんだか　釣瓶下ろそか　ぎいぎい……」「つるべおろそか、夜なべしもたか」などと言いながら降りてきたり、質問をしてくることもある。捕《つか》まると、木の上まで釣《つ》り上げられ食べられてしまう。

その昔、京都の西の岡（西《せい》院《いん》のことか？）に現れた鶴瓶おろしは火の玉状だった。雨の日に大木の下を、丸い炎の姿で上がったり下《さ》がったりする。木から発生《はっせい》した気が炎となって化けたものだ。陰《いん》の気なので雨の日に現れるが、ほかに燃え移ったりはしない。

出現地域：鶴瓶火は京都府だといわれている。鶴瓶落としや鶴瓶おろしは、京都府はもちろん、愛知県、福井県、岐阜県、滋賀県などにも伝わっている。
対処法：木の下に近づかない。長く信仰している観音様のお守りを肌身離さず持ち歩く。

木の下にいると物が落ちてくる怪異《かいい》は、ヤカンが下がる「やかんづる」、焼けた鍋《なべ》が落ちてくる「鍋おろし」、白い袋が下がる「袋下げ」、赤ちゃんを寝かせるカゴが落ちてくる「イジコ」など様々あるが、これらは鶴瓶落としと同種の、形態違いとも考えられる。

江戸《えど》時代《じだい》の絵師《えし》・鳥山石燕《とりやませきえん》は、この炎タイプの鶴瓶おろしを生首タイプとは区別して「鶴瓶火」と呼んだが、樹木《じゅもく》から生じた陰火がその土地にあった怖さや物にあわせて形を変えたものなのかもしれない。

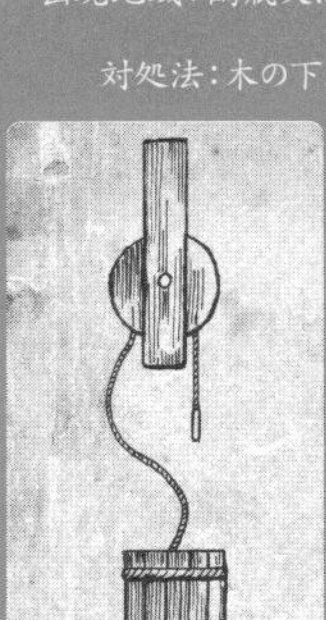

井戸で水を汲む道具・釣瓶。

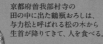

其ノ弐拾

木《もく》霊《れい》陰《いん》火《か》—鶴《つる》瓶《べ》火《び》

雨の日、大木の下に現れ人間を食べる

危険度：★★★★☆
素早さ：★★★★☆
熱さ：★☆☆☆☆

身長
身体の大きさを自由に変えられる
体重
計測不可

鶴瓶火心臓《しんぞう》
宿主である樹木《じゅもく》から発せられた気で作られた鶴瓶火の本体。常に反時計回りで回転しており、その場その場で形を変化させる。中心に顔のように見える器官《きかん》がある。

鶴瓶火手
本体のいたる所から飛び出す触手《しょくしゅ》のようなもの。触《ふ》れられるとひっついて離れなくなる。

鶴瓶火口
捕らえた獲物《えもの》を取りこむ器官。人間くらいは一飲みしてしまう。

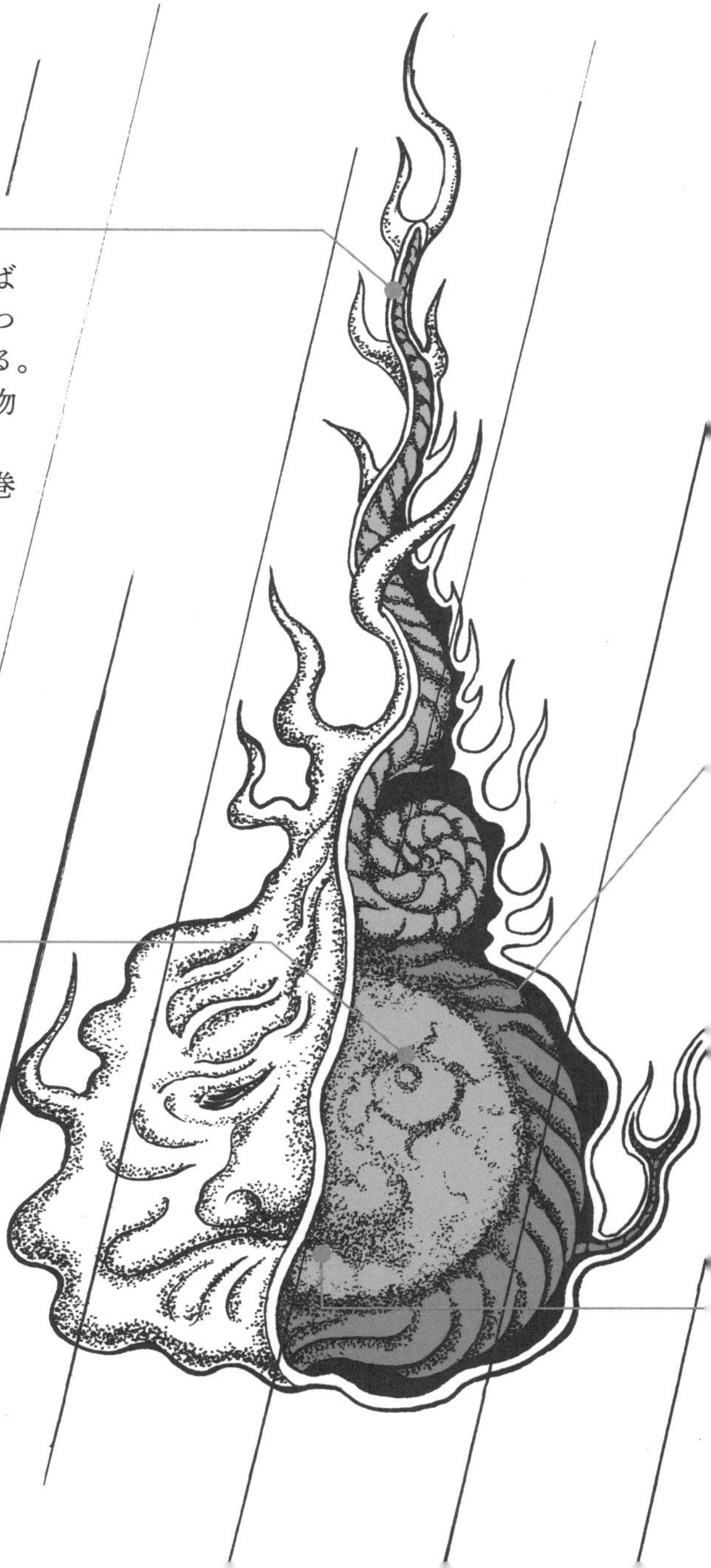

鶴瓶火尾《お》

炎細胞《さいぼう》を蔓《つる》状に伸ばして木の枝などにつかまることができる。伸ばした状態で獲物の前にぶら下《さ》がり、捕らえると素早く巻き上げる。

鶴瓶火目

獲物を視覚的《しかくてき》に捉《とら》えるセンサー。自分の縄張《なわば》りである木の下あたりしか見えていない。

其ノ弐拾壱

巨《きょ》大《だい》化《か》妖《よう》怪《かい》——見《み》越《こ》し入《にゅう》道《どう》

どんどん巨大化して人間を驚《おどろ》かせる

神出鬼没度：★★★☆☆

膨張度：★★★★★

危険度：★★★★☆

身長
身体の大きさを
自由に変えられる
（愛知県の見越し入道は
4メートル30センチ）
体重
計測不可

見越し首

イタチの尻尾《しっぽ》でできた首。首だけを伸ばすこともできる。

イタチ電《でん》気《き》

全身の毛から出る微《び》弱《じゃく》な電気で入道像を作り出している。

イタチ牙《きば》

どんどん大きくなる見越し入道に目を奪《うば》われ、顔が上がった瞬間に喉《のど》笛《ぶえ》に噛《か》みつく。

見越し目

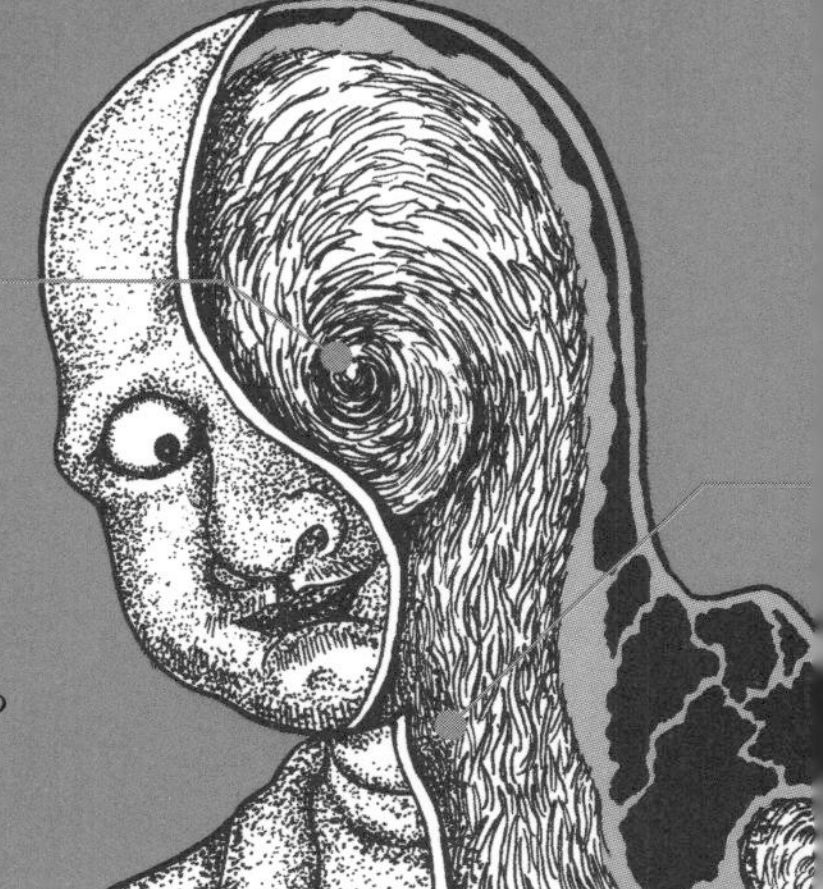

感覚の鋭《するど》い毛先をまとめた第二の目。上からセンサーを発し、感じとった情報を全身に伝える。

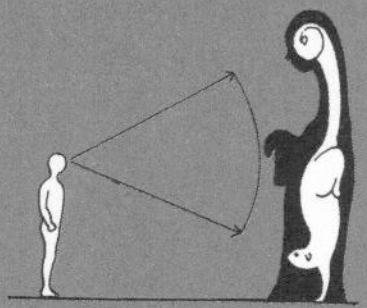

見越し目からお腹付近の本当の目までを上から少しずつ見下ろしていけば、術が解けてどんどん小さくなるぞ。

イタチ心臓《しんぞう》

見越し入道の持っている提灯《ちょうちん》に移している。攻撃する時は提灯を狙《ねら》うとよい。

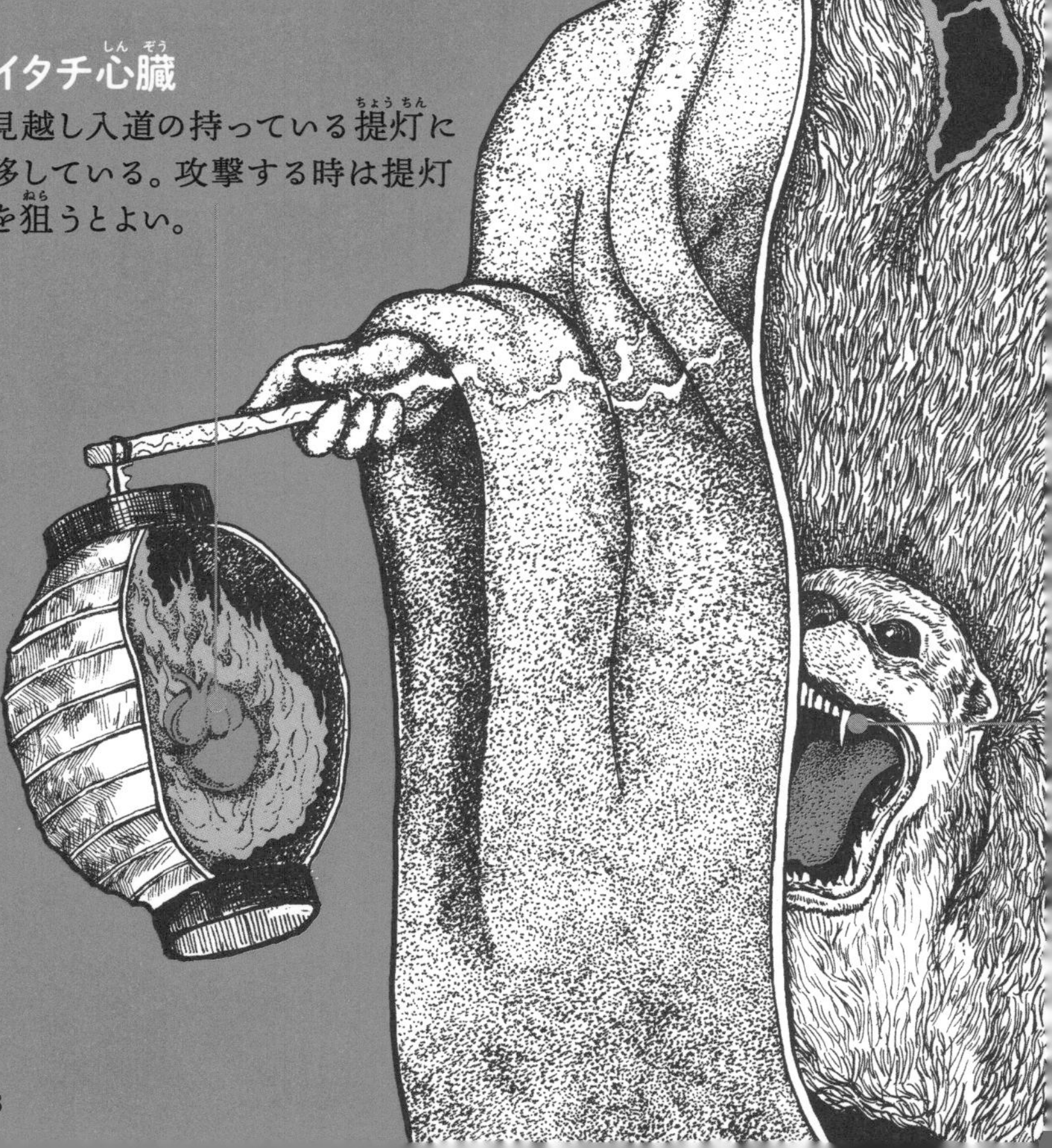

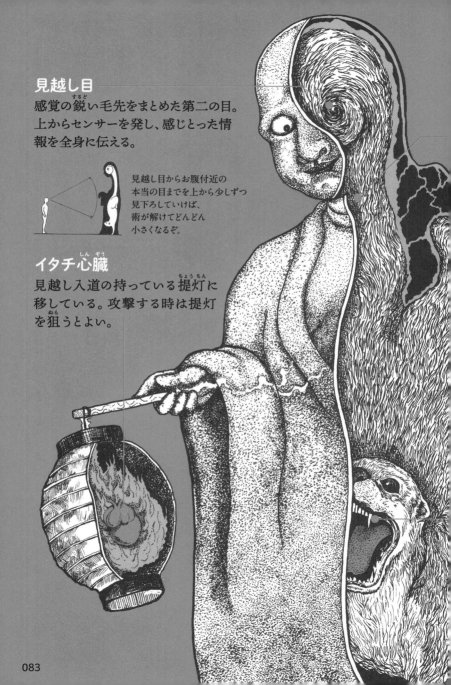

—其ノ弐拾壱— 巨大化妖怪《きょだいかようかい》・見越《みこ》し入道《にゅうどう》

見越し入道は大きくなって驚かせるものの他に、後ろから覗きこんで驚かせるものもいる。

江戸時代の物語では、見越し入道は首の長いろくろ首のような姿で、化け物の総座頭（親玉）としてとても人気があった。妖怪の子分たちに加えて、婚約者や妻にろくろ首、大頭小僧という豆腐小僧のような子供もいた。

福《ふく》島《しま》県《けん》や東京都《とうきょうと》、岡山県《おかやまけん》や長崎県《ながさきけん》など、日本各地に伝承《でんしょう》が残る僧侶姿《そうりょすがた》の妖怪である。道に現れ、最初は小さいが、見ているとどんどん大きくなる。佐渡島《さどがしま》では「見上《みあ》げ入道」、愛知県《あいちけん》では「入道坊主《ぼうず》」とも呼ばれる。

一般的には巨大化して人を驚《おどろ》かせる妖怪だが、物語に登場する見越し入道にはろくろ首のように首を伸ばすタイプもいる。神奈川県《かながわけん》や愛知県に出たのは最初から大きな入道だった。愛知県の大浜街道《おおはまかいどう》、烏頭村（宇頭町《うとうちょう》）付近に出たものは一丈《じょう》三、四尺《しゃく》（約四メートル三〇センチ）の大入道で、巨大化はしないが出遭《であ》った者を病気にして命を奪《うば》っている。他に、見上げさせて転ばせるもの、顔を上げたところで喉笛《のどぶえ》に噛《か》みつくもの、背後から覗《のぞ》きこんでくるものもいる。その正体については、イタチ、ムジナなどの獣説《けものせつ》や、もしくは入道雲だという地域《ちいき》もある。解剖図《かいぼうず》の見越し入道は内部構造《ないぶこうぞう》がイタチになっているので、福島県に現れたものと同種と思われる。

この妖怪に見越されてしまうと、命を奪われたり病気になったりするので、逆に見下ろしたり、「見越し入道見越した」などと唱《とな》えて、その呪《のろ》いをはねのけるとよい。

出現地域：日本各地

対処法：上から見下ろす。「見越し入道見越した」「見抜いた」「見ていたぞ」などと言う。提灯を持っている時はそこを攻撃する。草履を頭に載せて、煙草を吸う。上に細～く伸びた所をハサミで切る。

見越し入道の正体はムジナ（左）やイタチ（右）だともいわれている。

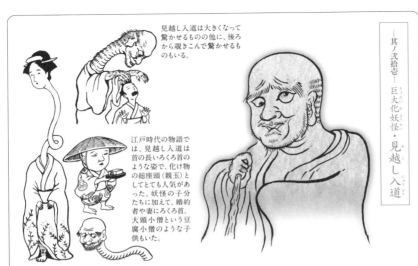

—其ノ弐拾弐— ぶら下《さ》がり妖怪《ようかい》・茶袋《ちゃぶくろ》

茶袋は川の中を泳いだり、
空を飛んだりすることができる。

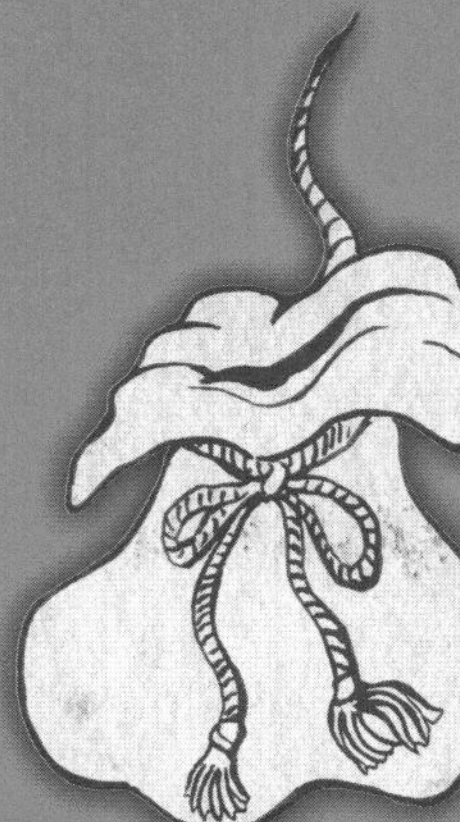

茶袋を狐のいたずら
とする地方もある。

茶袋に出遭った人は、
様々な病気に
かかってしまう。

「茶袋」は、お茶の葉を入れる袋もしくはお茶を煮出《にだ》すために入れる袋のことだ。この袋のようなものが空からぶら下がる怪現象《かいげんしょう》がある。

高知県《こうちけん》幡多郡《はたぐん》奥内村《おくうちむら》には、薄気味悪い場所に茶袋が下がり、これに出会うと病気になる「茶袋下がり」という現象が伝わる。土佐郡《とさぐん》土佐山村《とさやまむら》高《たか》山集落《やましゅうらく》では「オンバが墓」というお墓に、香川県《かがわけん》丸亀市《まるがめし》葭《かや》町では正玄寺《しょうげんじ》のえんじの木に、茶袋が下がったという。

これらはすべて空から下がってくるものだが、空を飛んだり水の中を移動することが可能な茶袋もいる。

和歌山県《わかやまけん》の印南川《いなみがわ》、滝ノ口《たきのくち》の橋免橋で目撃《もくげき》された「茶ん袋」は、川の中で大きく膨《ふく》らんで浮いたり沈んだりしていた。気味が悪いので通り過ぎると、今度は淵尻《ふちじり》付近で首筋に冷たいものを感じる。見上げると茶ん袋が宙《ちゅう》に浮いて、水滴を滴らせていたという。

野田《のだ》は、消臭効果《しょうしゅうこうか》のある茶袋を遺体《いたい》とともに埋葬《まいそう》する風習や、海に落とすと縁起《えんぎ》が悪いとする迷信《めいしん》が伝わる地域《ちいき》があるとして、茶袋自体に陰《いん》の要素があり付喪神《つくもがみ》化しやすいと述べている。

じめじめした場所、人通りの少ない場所に現れるのは、土地の持つ負のエネルギーを吸収しているのかもしれない。

出現地域：和歌山県、香川県、高知県
対処法：陰気な場所に近づかない。出現場所付近では傘をさして、気にせず通り過ぎる。

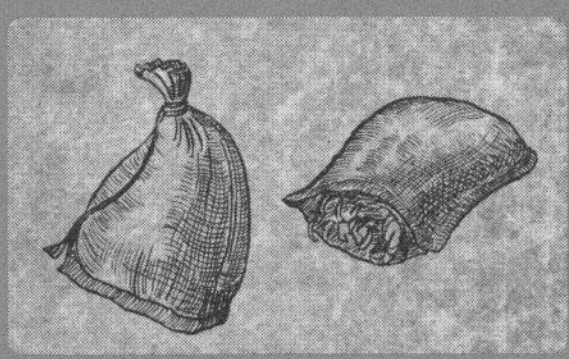

茶袋はお茶を入れて煮出す時に使用する。

其ノ弐拾弐

ぶら下《さ》がり妖《よう》怪《かい》―茶《ちゃ》袋《ぶくろ》

気味悪い土地の空から現れる

身長
19.5センチ
体重
150グラム

不気味度：★★☆☆☆
不《ふ》思《し》議《ぎ》度：★★★★☆
危険度：★★★★☆

茶袋爪《つめ》
鋭《するど》い爪で色々な場所に引っかける。湿《しつ》度《ど》が八十パーセント以上なら大気にも引っかけることができる。

毒《どく》袋《ぶくろ》
小さな袋には様々なウィルスが入っている。胃の中の水に混ぜて、全身から滴らせたり、口から吐き出して人間を病気にする。

茶袋腺《せん》
蓄《たくわ》えた水を体外に吹き出す穴《あな》。その水はとても冷たいので、首筋に落とされると、プロレスラーでもびっくりしてしまう。

茶袋腕《うで》

身体の中におさまっている。最大十五メートルまで伸ばすことができる。

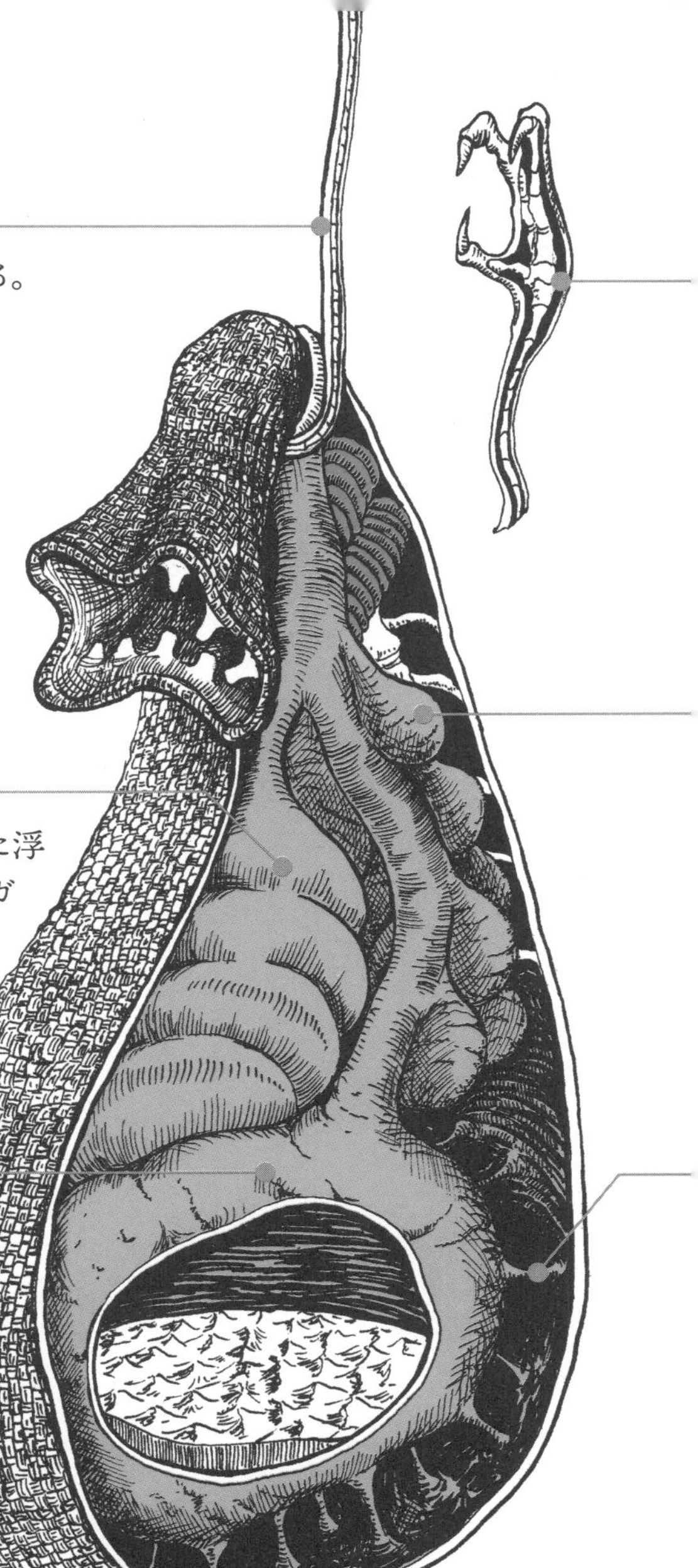

空気袋

中に空気をためこんで水に浮くことができる。特殊《とくしゅ》なガスを発生《はっせい》させることで、風船のように宙《ちゅう》に浮くこともできる。

茶袋胃

飲みこんだ水を蓄えている。中は洞窟《どうくつ》のようで、水はいつも地下水のように冷えた状態になっている。

其ノ弐拾参

ゆりかご妖怪《ようかい》―夜泣《よな》き石《いし》

赤ん坊を保護《ほご》するハイテクシェルター

硬さ…★★★★★

ハイテク度…★★★★★

泣き声の大きさ…★★★☆☆

全長
90センチ
重量
1125キロ

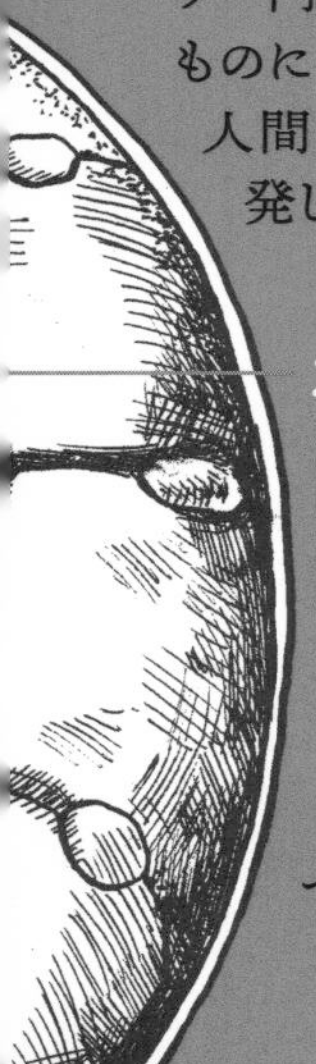

夜泣き頭脳《ずのう》
水晶体《すいしょうたい》から赤ん坊のデータを読み取り、シェルター内の環境を最適《さいてき》なものにする。近隣《きんりん》にいる人間に向けて電波《でんぱ》を発して救助《きゅうじょ》を求める。

水晶体
中の赤ん坊の様子を天界《てんかい》に送るライブカメラ。赤ん坊を楽しませるテレビやビデオを映すこともできる。

夜泣き外殻《がいかく》
夜泣き石の骨《ほね》。全身をパズルのように覆《おお》い、中の赤ん坊を守る。必要な枚数、どの場所でも開くので、どこからでも出入りできる。

夜泣き口

新鮮《しんせん》な酸素《さんそ》や食料《しょくりょう》、水分を取りこんで赤ん坊に与える。赤ん坊の声を響《ひび》かせる拡声器《かくせいき》の役目もする。

夜泣き手

シェルター内側に生えた触手《しょくしゅ》。赤ん坊を優しく包みこみ、汚れや傷《きず》を取り除く。

温度調節器《おんどちょうせつき》

シェルター内の温度を維持するサーモスタット。

—其ノ弐拾参— ゆりかご妖怪《ようかい》・夜泣《よな》き石《いし》

夜泣き石は大きくて重いため、
現れる場所によっては、
通行の邪魔になった。

夜泣き石には、子供の夜泣きをおさめる機能がある。お参りすると夜泣きに効果があるという石が各地に存在している。

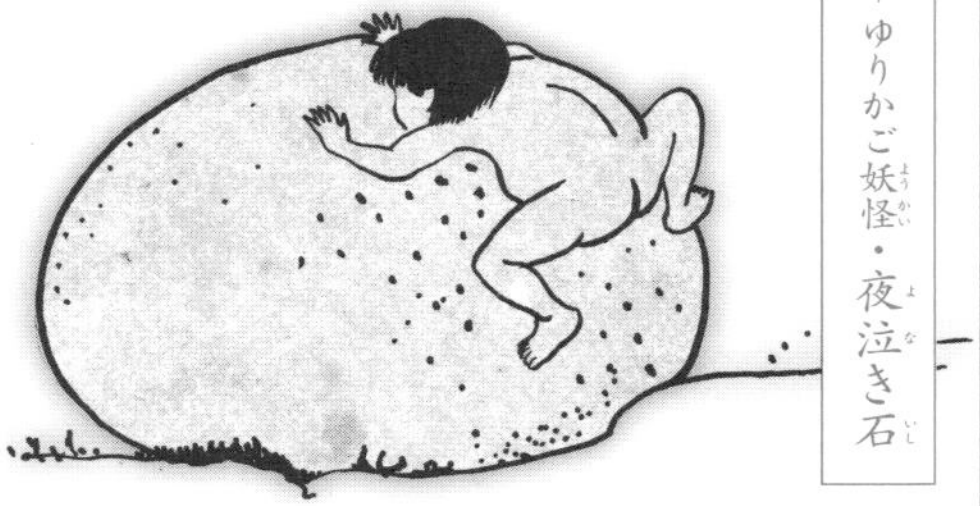

東京都青梅市には夜中にやわらかくなるという「こんにゃく石」がある。これは外の殻を外した夜泣き石なのかもしれない。

夜になると泣き声を発する奇《き》石《せき》が日本中に存在する。有名なのは「小《さ》夜《よ》の中《なか》山《やま》の夜泣き石」である。小夜の中山（静岡《しずおか》県《けん》掛川《かけがわ》市《し》）の久《きゅう》延《えん》寺《じ》へ安産《あんざん》祈願《きがん》に来た妊婦《にんぷ》が山賊《さんぞく》に襲《おそ》われて命を落としたが、赤ん坊は奇跡的に生きていた。助けを求める母親の霊《れい》は石に乗り移って泣き続け、その声に気づいたお寺の住職《じゅうしょく》が赤ん坊を保《ほ》護《ど》したという。

石はシェルターのようになって赤ん坊を中で保護し、助けが来るまでの生命《せいめい》維持《いじ》装置《そうち》になったのだ。石全体からは助けを呼ぶ電波《でんぱ》が発せられ、それが母親の泣き声や赤ん坊の泣き声に聞こえるようだ。

野田《のだ》によると、この装置のような妖怪は、天女《てんにょ》が置いていった天界《てんかい》のテクノロジーなのだという。

出現地域：静岡県、滋賀県ほか
対処法：泣き声が聞こえたら周囲を探す。
難点：めちゃくちゃ重いので場所を移動させるのが大変。

滋《し》賀《が》県《けん》にいたある男が、見《み》初《そ》めた天女と暮らしたくて羽《は》衣《ごろも》を隠《かく》してしまう。天に帰れなくなった天女は男と夫婦となり子供を授《さず》かる。ところがそれが天人にばれ、天界に連れ戻されてしまう。その時、置き去りにした子供を保護するために天界より届けられたのが、この石型シェルターだというのだ。伝説《でんせつ》では、保護された赤ん坊は、後の菅原《すがわらの》道《みち》真《ざね》公だともいわれている。

夜泣き石は、天界からやって来た救助ポッドなのだ。

―其ノ弐拾肆―　子連《こづ》れ妖怪《ようかい》・産女《うぶめ》

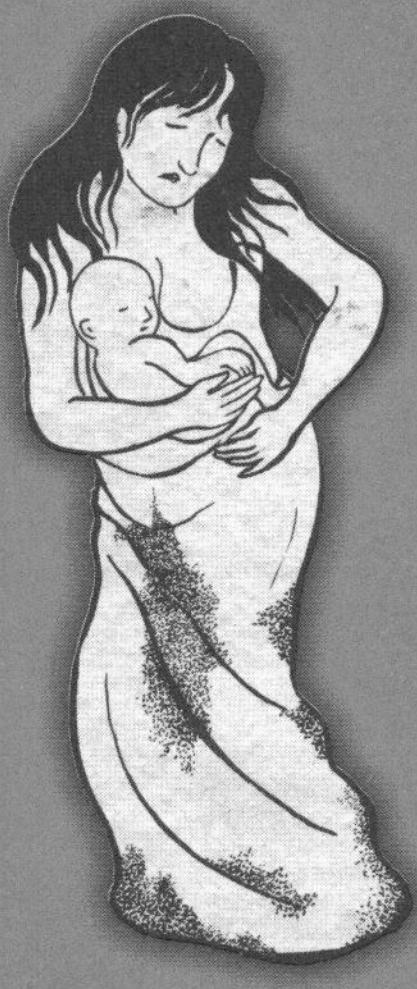

産女には鳥タイプ（右上）、
女性タイプ（左上）、
赤ん坊タイプ（右下）、
赤ん坊抱っこタイプ（左下）
がある。

姑獲鳥は
毛をかぶることで
鳥の姿に、
脱ぐことで
人の姿に変わる。

難《なん》産《ざん》で命を落とした女性がなるといわれる妖怪。雨の夜の川辺などに現れ、子供を抱いて欲しいと頼むが、うっかり抱いてしまうとその子供がどんどん重くなる。力自体は弱く、傷《きず》ついた身体で現れて自《みずか》らをおんぶして欲しいとせがむタイプもいる。

中には、念仏《ねんぶつ》を百遍《ひゃっぺん》唱《とな》える間、子供を抱いていて欲しいというケースもあり、この場《ば》合《あい》は念仏が進むにつれ子供が重くなるが、耐え抜くと怪力《かいりき》を授《さず》かるという。この世に未《み》練《れん》を残した女性の苦しみを受け取ることで、産女と化した母親はようやく成仏《じょうぶつ》することができるのだ。

産女は女性の姿《すがた》で現れることが多いが、正体は中国から来た姑獲鳥《こかくちょう》という鳥の妖怪であるともいわれている。

出現地域：秋田県、山形県、茨城県（うばめとり）、神奈川県、山口県、愛媛県、大分県ほか
対処法：1.無視する。2.おんぶして欲しいと頼んできた場合は嫌がらずいう通りにする（幸福になれる）。
3.子供を抱っこして欲しいといわれても抱かないか、抱くなら最後までふんばる（力持ちになれる）。
4.夜に洗濯物を外に干さない（干してしまった衣類はそのまま着ない）。

一方、茨城県《いばらきけん》に現れた「うばめとり」は鳥型の妖怪で、衣類《いるい》を夜干しすると、我が子の着物だと思って乳《ちち》を絞《しぼ》っていく。この乳は人間にとっては毒となるので要注意だ。

解剖図《かいぼうず》を見てみると、外見は女性の姿だが、その組織は鳥に近い。姑獲鳥は鳥から人、人から鳥に自由にトランスフォームできるそうなので、うばめとりは産女が変身した姿なのかもしれない。

人間の子供をさらっていくという中国の鬼神・姑獲鳥。人間の姿に化けることができる。

其ノ弐拾肆

子《こ》連《づ》れ妖《よう》怪《かい》——産《うぶ》女《め》

夜の川辺に子供を抱いて現れる

腕力《わんりょく》：★☆☆☆☆

飛翔力：★★★★☆

未練度：★★★★★

身長
145センチ
体重
40キロ

産女喉《のど》
大人の女性の声から赤ん坊の泣き声まで、様々な声を出すことができる。

産女腕《うで》
赤ん坊を抱いて現れるが腕力は弱い。

産女乳房《ちぶさ》
子供を育てるミルクが入っているが、人間にとっては毒になる。

産女羽《はね》
赤く染まった羽。身にまとうことで鳥の姿《すがた》に、脱ぐことで人間の姿に変わる。

産女髪《かみ》

鳥の形態に変化した際は翼《つばさ》になる。

産女の赤ん坊

産女がリモートコントロールする木や石でできた人形。操作一つでどんどん重くすることができる。

産女の操《あやつ》る赤ん坊の正体には石塔やお墓、わら打ち棒《ぼう》などがある。

妖怪はどんな場所に出るの？

昭《しょう》和《わ》の時代に発行された『日本の妖怪大百科』（勁文社）には、この世には万《ばん》物《ぶつ》が発する「気《き》」と呼ばれるエネルギーが存在すると書かれている。

無色透明、無味無臭の「気」は、万物の生死に深く関わっているという。

この「気」は地上のいたる所に漂《ただよ》っていて、場所によって濃度が異なる。妖怪はそういった「気」を自在に操《あやつ》ることができるそうだ。

したがって、「気」の集まる場所では、超常現《ちょうじょうげん》象《しょう》が起きやすくなる。

この本が発売されてから30年が経ったが、この超エネルギー「気」についての謎《なぞ》は、いまだ解明されていない。

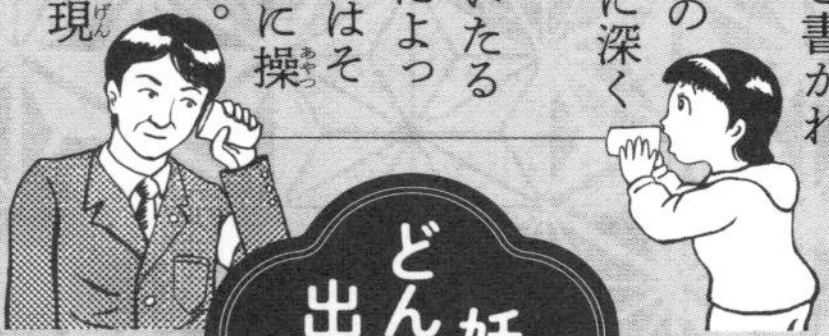

野田元三《のだげんぞう》は、妖怪が出現するのは「陰《いん》」の「気」が集まる場所であると述べている。

彼は、昔話《むかしばなし》などで、妖怪が現れる場面に描《えが》かれる「一天にわかにかき曇《くも》り」「なまぬるい空気」「怪しい風が吹く」といった表現に注目した。妖怪が出現した場所の環境条件を詳しく調べた結果、薄暗《うすぐら》く、湿度の高い場所が多いことがわかったという。また、水中では潮目《しおめ》の変わる場所や、水が淀《よど》んでいる場所が多かったそうだ。

野田はその調査結果から、「妖怪は、空気や水が淀んだ、暗くてじめじめした場所に現れる傾向にある」としている。

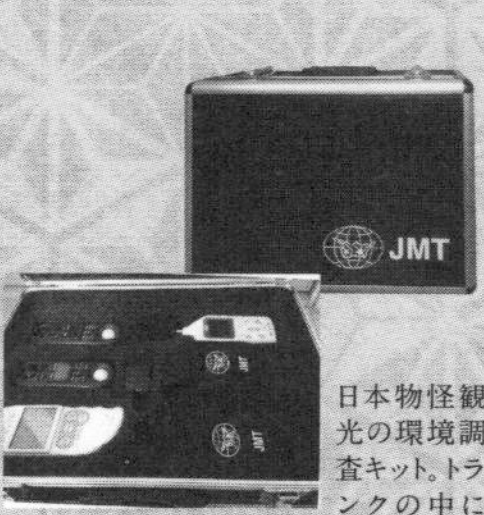

日本物怪観光の環境調査キット。トランクの中には、温度計、湿度計、気圧計、光度計、風速計、騒音計、臭気測定器が入っており、妖怪出現ポイントの気温、気圧、湿度、風量、明るさ、音、臭いが測定できる。

カーテンを開けず、空気を入れ替えない部屋にこもっていると、妖怪たちが寄って来てしまうので、注意しよう。

【妖怪は陰気な場所に現れるぞ】

里の妖怪

其ノ弐拾伍

悪戯《いたずら》妖怪《ようかい》——一《ひと》つ目《め》小僧《こぞう》

悪戯好きな子供の妖怪

危険度：★☆☆☆☆
可愛さ：★★★★★
珍しさ：★★★☆☆

身長
1メートル
10センチ
体重
19キロ

一つ目

一つしかない目は、人間の見えないものが見えている。

一つ目舌

暗《くら》闇《やみ》の中で、人の顔をぺろりと舐《な》めて驚《おどろ》かせる。

一つ目足

ちょこまかと動き回れるように発達した筋肉を持つ。一日に何軒もの家をまわれる脚力もあるぞ。

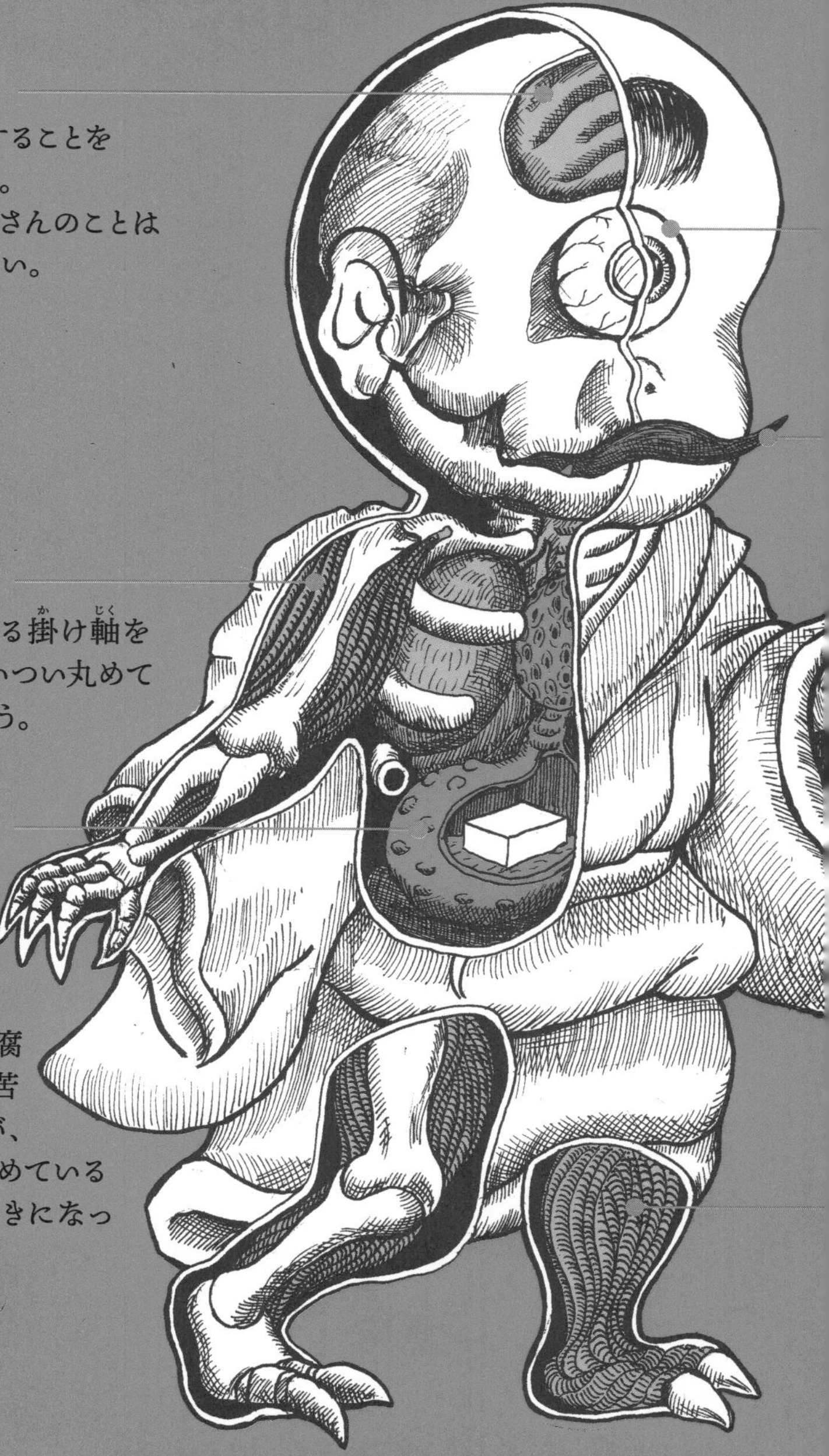

一つ目脳

常に悪戯することを考えている。
一度にたくさんのことは覚えられない。

一つ目腕《うで》

飾られている掛《か》け軸《じく》を見ると、ついつい丸めて遊んでしまう。

一つ目胃

山になる木の実や果物を食べて消化している。豆腐はもともと苦手だったが、少しずつ舐めているうちに大好きになった。

―其ノ弐拾伍―　悪戯《いたずら》妖怪《ようかい》・一《ひと》つ目《め》小《こ》僧《ぞう》

一つ目小僧の帳面。

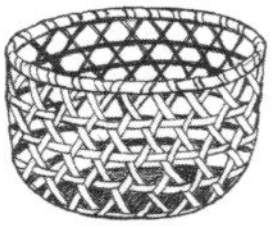

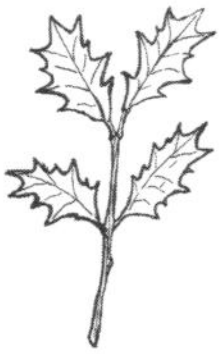

目がたくさんある目籠や目を刺してしまいそうなとがった葉のヒイラギが苦手。

目が一つの、子供の姿《すがた》をした妖怪。家の中や道ばたに現れ、一つ目を見せて人間を驚《おどろ》かせる。

関東地方では、一つ目小僧は、事八日（旧暦十二月八日、二月八日）にやって来て家々をまわり、争いごとをしていないか、泣いている子供はいないか、履き物を外に出しっ放しにしていないかといった、その家の悪いところを調べて帳面（昔のノート）に書きこみ、そのことを疫病神に報告する。この時、マイナスポイントが多いと家運が下がってしまう。

けれどもこの帳面は疫病神（世の中に疫病をもたらす悪い神様）に届けられる前に、いったん道祖神（村の入り口で災難《さいなん》や病気から守ってくれる神様）に預けられるので、次に取りに来るまでの間に焼き払ってしまえばよいという。

また、一つ目小僧は、目がたくさんあるものや目を刺《さ》しそうなトゲのあるものが苦手なので、竹で編んだ目のあらいカゴやヒイラギの枝を軒先《のきさき》に掲げておくと寄ってこない。

地域《ちいき》によっては、正体はタヌキであるともいわれている。

出現地域：長野県、群馬県、東京都、埼玉県、神奈川県、静岡県、山梨県、富山県、鳥取県、香川県など

苦手なもの・弱点：目籠、ヒイラギの葉、グミの木やネギを焚いた臭い。

落語の「一眼国」には、一つ目小僧の国が登場する。その国では、目が二つの人間の方が珍しいそうだ。

―其ノ弐拾陸― 電気妖怪《でんきようかい》・雷獣《らいじゅう》

新潟県魚沼郡妻有に落ちた雷獣は、足が六本で水かきがあったという。

日本各地には雷獣のミイラが残されている。新潟県には猫のような姿のミイラが伝わっている。秋田県には、猫型の雷獣を食べた人がいるが、害はなかったという。

鳥取県には、雷龍と呼ばれる二メートル以上もある怪物が落ちてきたという記録が残っている。

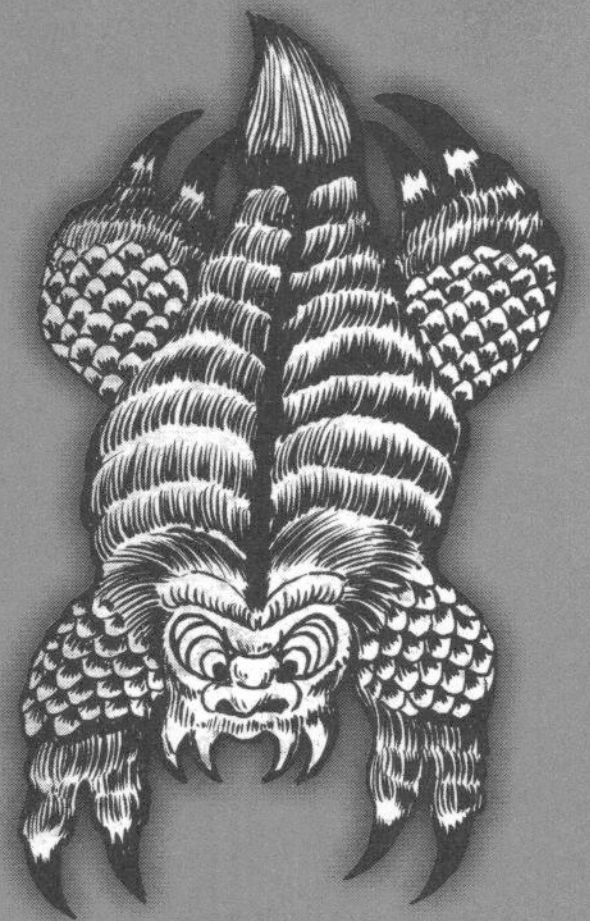

雷《かみなり》が落ちる時に現れるという謎《なぞ》の生物。

その生態は謎に包まれているが、天界《てんかい》に棲《す》み落雷《らくらい》のタイミングで空から落ちてきたり、山の上で穴《あな》を掘って暮らしていて乗れそうな雲を見つけると駆け上ったりするという。雲で発生《はっせい》した稲妻《いなずま》が地面に伸び、それをつかまえた地上からの電気が柱となって下から駆け上がっていく、落雷のメカニズムと関係があるのかもしれない。

そんな雷獣だが、言い伝えや図像《ずぞう》に描《えが》かれているのは、イタチや猫のような獣《けもの》の姿《すがた》をしたものが多い。ひょっとしたら木などに落雷した際、そこから飛び出してきた小動物をその姿だと考えたのかもしれない。

しかし既存《きぞん》の生き物では説明しきれない雷獣の記録もある。新潟県《にいがたけん》で目撃《もくげき》された雷獣は前足二本、後ろ足四本の、計六本の足があったという。

解剖図《かいぼうず》に描かれている雷獣は、広島県《ひろしまけん》佐伯区《さえきく》五日市《いつかいち》町《ちょう》に落ちてきたといわれる雷獣と同種のものである。カニのような顔で、ハサミ状の爪《つめ》を持つ奇妙な姿の雷獣で、当時、よほどインパクトがあったとみえて、各地に多数の複製が残されている。

出現地域：秋田県、東京都、神奈川県、新潟県、長野県、静岡県、愛知県、広島県
対処方法：雷の落ちそうな大木の近くに行かない。電気を通しづらい服装をする。

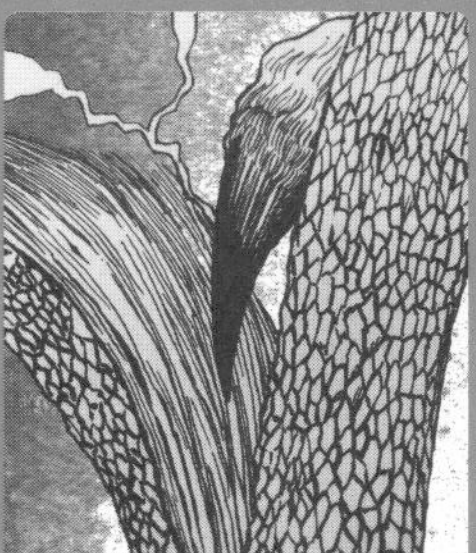

雷が落ちた木にはまるで爪で引き裂かれたかのような傷跡が残る。

其ノ弐拾陸

電《でん》気《き》妖《よう》怪《かい》—雷《らい》獣《じゅう》

落《らく》雷《らい》とともに現れる

危険度：★★★★☆
爪《つめ》の強さ：★★★★☆
身軽さ：★★★★☆

身長
95センチ
体重
30キロ

避雷髪《ひらいはつ》

一本一本が雷《かみなり》のエネルギーを取りこむ機能《きのう》を持っている。

電池袋

蓄《たくわ》えた電気を増幅することができる。蓄えた電気は毛細管《もうさいかん》を通じて全身に送られる。

電極《でんきょく》毛細管

電気エネルギーを全身に行き渡らせ、放電させる。

雷獣爪

十億ボルトの電気を発しながらものを切り裂《さ》くことができる爪。大木でも一瞬で真っ二つだ。

雷獣足

空気の壁《かべ》を駆け上がり、
雲に乗ることもできる。

雷獣目

雲の上から地上に落ち
ている一円玉を
見つけること
ができる。

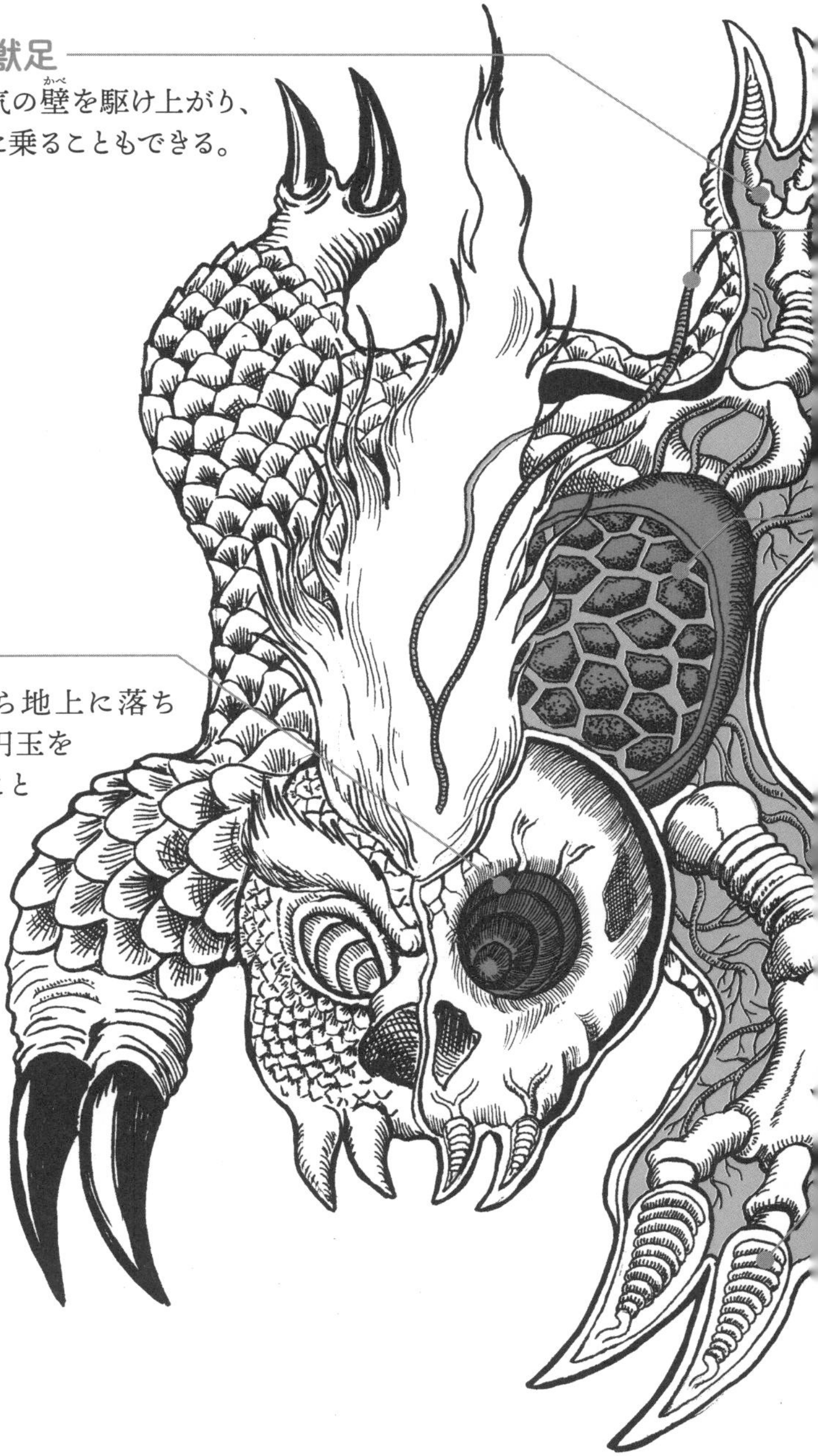

其ノ弐拾漆

砂塵妖怪《さじんようかい》―砂《すな》かけ婆《ばばあ》

頭上から人に砂をふりかける

物知り度：★★★★★
有名度：★★★★★
擬態度《ぎたい》：★★★★☆

身長
140センチ
体重
35キロ

砂かけ目

薄暗《うすぐら》い場所を好み、強い光を嫌うため、非常に細く光が入りづらい構造《こうぞう》になっている。

土練袋《どれんぶくろ》

土を練《ね》り合わせて身体の細胞《さいぼう》を作る。顔の造形などはそれぞれの出身地や生活環境で異なる。

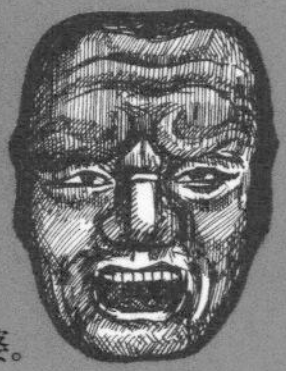

各地で目撃《もくげき》された、様々な顔の砂かけ婆。

砂かけ胃

食べたものをすりつぶして砂状にする。

砂かけ脳

泥《とろ》団《だん》子《ご》のような
脳細胞。一つ一つに
過去の記憶が
つまっている。
とても物知りだ。

砂かけ皮《ひ》膚《ふ》

身体の表面は常に乾いて
ひび割れている。
指先をすり合わせ
砂のようにして落とす。

砂かけ足

サンドペーパーのような足は、
ツルツルした竹でも
すべらず登ることができる。

―其ノ弐拾漆―

砂《さ》塵《じん》妖《よう》怪《かい》・砂《すな》かけ婆《ばばあ》

砂かけ現象は、タヌキなど動物の仕業とされることが多い。

福島県草野村には「砂まき地蔵」という、その地蔵の前を通ると砂をかけられる場所があったが、地蔵が砂をかけていたわけではなく、タヌキかなにかの仕業だったようだ。

砂をまく音だけで何も落ちてこないこともあった。

神《じん》社《じゃ》の森の陰《かげ》など淋《さび》しげな場所で、上から砂をぱらぱらとふりかけて人を驚《おどろ》かせる。

奈《な》良《ら》県《けん》、大《おお》阪《さか》府《ふ》、兵《ひょう》庫《ご》県《けん》などに伝わる妖怪で、婆と呼ばれてはいるが、姿《すがた》を見たという人の記録は残っていない。

このようないたずらは、徳《とく》島《しま》県《けん》の「砂《すな》降《ふ》らし」(タヌキ)、新《にい》潟《がた》県《けん》の「砂まきイタチ」、青《あお》森《もり》県《けん》の「砂撒《ま》きキツネ」など動物の仕《し》業《わざ》とされることが多い。

兵庫県には、砂かけ婆と呼ばれてはいるものの正体はタヌキで、砂をまく音をさせるだけの妖怪もいる。

滋《し》賀《が》県《けん》には、同じようないたずらをする「砂かけ坊《ぼう》主《ず》」と呼ばれる妖怪がいるが、具体的にどのような姿をしているのかわかっていない。

出現地域：奈良県、大阪府、兵庫県
対処法：砂をかけられないために傘をさして歩く。

解《かい》剖《ぼう》図《ず》を見ると、砂かけ婆は人間の姿をした妖怪であることがわかる。

全身が土のような細《さい》胞《ぼう》でできていて、古くなると砂のようになって身体の外に排出される。粘土のような身体の表面は常に乾いており、年輪を重ねたような風格がある。このように変《へん》幻《げん》自《じ》在《ざい》の細胞でできているので、擬《ぎ》態《たい》して自然の中に隠《かく》れることも朝飯前だ。

どうやら姿を見た人が極端に少ないのは、この能力のためのようだ。

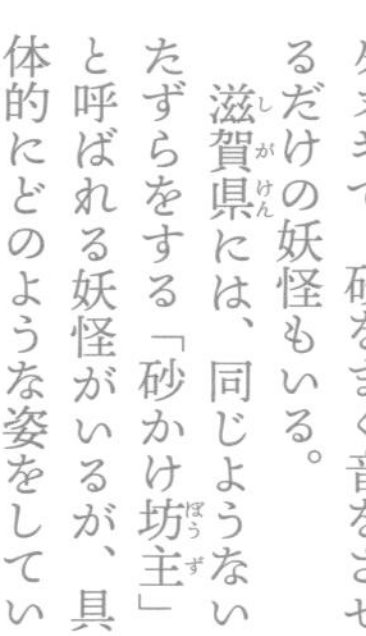

砂かけ婆はその空間に擬態するのがうまい妖怪なのだ。

―其ノ弐拾捌― 飛行布団《ひこうふとん》・野衾《のぶすま》

人の顔に覆い被さって生き血を吸う。

コウモリが年を経てムササビになり、ムササビがさらに年を経ると山地乳になる。

高知県には、同じ「ノブスマ」と呼ばれる妖怪がいるが、こちらは野の襖と書く。襖を立てかけたような壁を作るぬりかべのような妖怪だ。

空を飛び、夜道を行く人の顔にはりついて生き血を吸う。人の顔に覆《おお》い被《かぶ》さる布団のような姿《すがた》なので、野の衾《ふすま》（かけ布団のこと）という名前がついた。手に持つ松《たい》明《まつ》を消してしまうことから、火を食べるともいわれる。

捕獲記録によると、姿はイタチで目はウサギ。身体の左右に皮膚《ひふ》の膜《まく》があり、手の指四本、足の指五本。大きさは三十六〜三十九センチで、尻尾《しっぽ》や臭《にお》いはリスのようだという。猫を襲《おそ》って血を吸ったとあるが、その特徴《とくちょう》はまるでムササビのようだ。夜行《やこう》性《せい》で、身体の膜を使って樹々《きぎ》の間を飛び交うムササビを、昔の人は妖怪《ようかい》視していた。ムササビの仲間のモモンガは、お化けを表すモモンガという言葉がそのまま名前になっている。

出現地域：東京都
対処法：顔にはりつかれないようにフェイスガードをつける。
実験していないが、お歯黒の歯で噛み切れるかもしれない（一反木綿のページを参照のこと）。

野衾は年を経《へ》たコウモリが妖怪化したものともいわれる。さらに年を経ると野衾は「山《やま》地《ち》乳《ち》」という妖怪になる。山地乳は山奥に棲《す》み、寝ている人に忍び寄って寝息を吸う。吸われているところを人に見られるとその人は長寿《ちょうじゅ》となり、誰にも気づかれないと翌日死んでしまうという。

図版で残る野衾はムササビタイプとコウモリタイプがあるが、解剖図《かいぼうず》に描《えが》かれているのはコウモリタイプである。

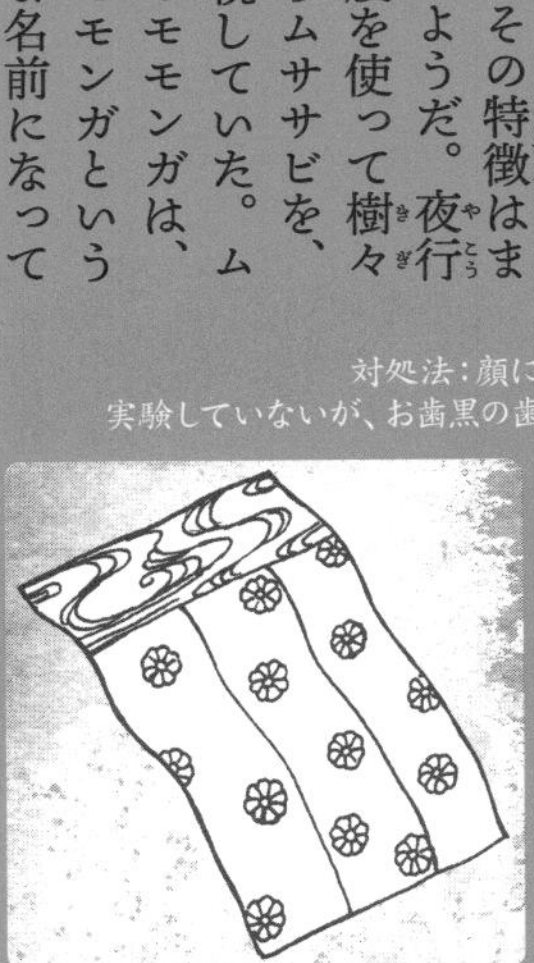

衾はかけ布団のように使う長方形の夜具のことである。

其ノ弐拾捌

飛《ひ》行《こう》布《ふ》団《とん》—野衾《のぶすま》

空を飛んで人間の生き血を吸う

攻撃力：★★★☆☆
飛行能力：★★☆☆☆
危険度：★★★☆☆

身長
38センチ
体重
1300グラム

野衾耳
暗《くら》闇《やみ》でも音の反射を利用して相手の場所を特定することができる。

エネルギー袋
生物の生き血に含まれる精《せい》気《き》を蓄《たくわ》えている。

野衾膜《まく》
飛行する際は羽《はね》になり、襲《おそ》いかかる際は自在に伸びて人の顔にへばりつく。

野衾尾《お》
飛行時は飛ぶ方向を決める舵《かじ》の役目をする。顔に覆《おお》い被《かぶ》さった時は、相手に巻きつき、さらに動けなくしてしまう。

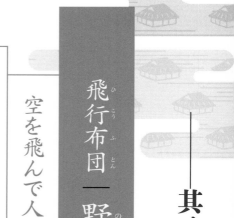

野衾口

物の位置を特定するための超《ちょう》音《おん》波《ぱ》を発する。獲《え》物《もの》に覆い被さると噛《か》みついて生き血を吸う。口の中は三千度の熱にも耐えられる。

野衾胃

吸いこんだ炎をためておける。敵に襲われそうになったら、口から吐き出して攻撃する。

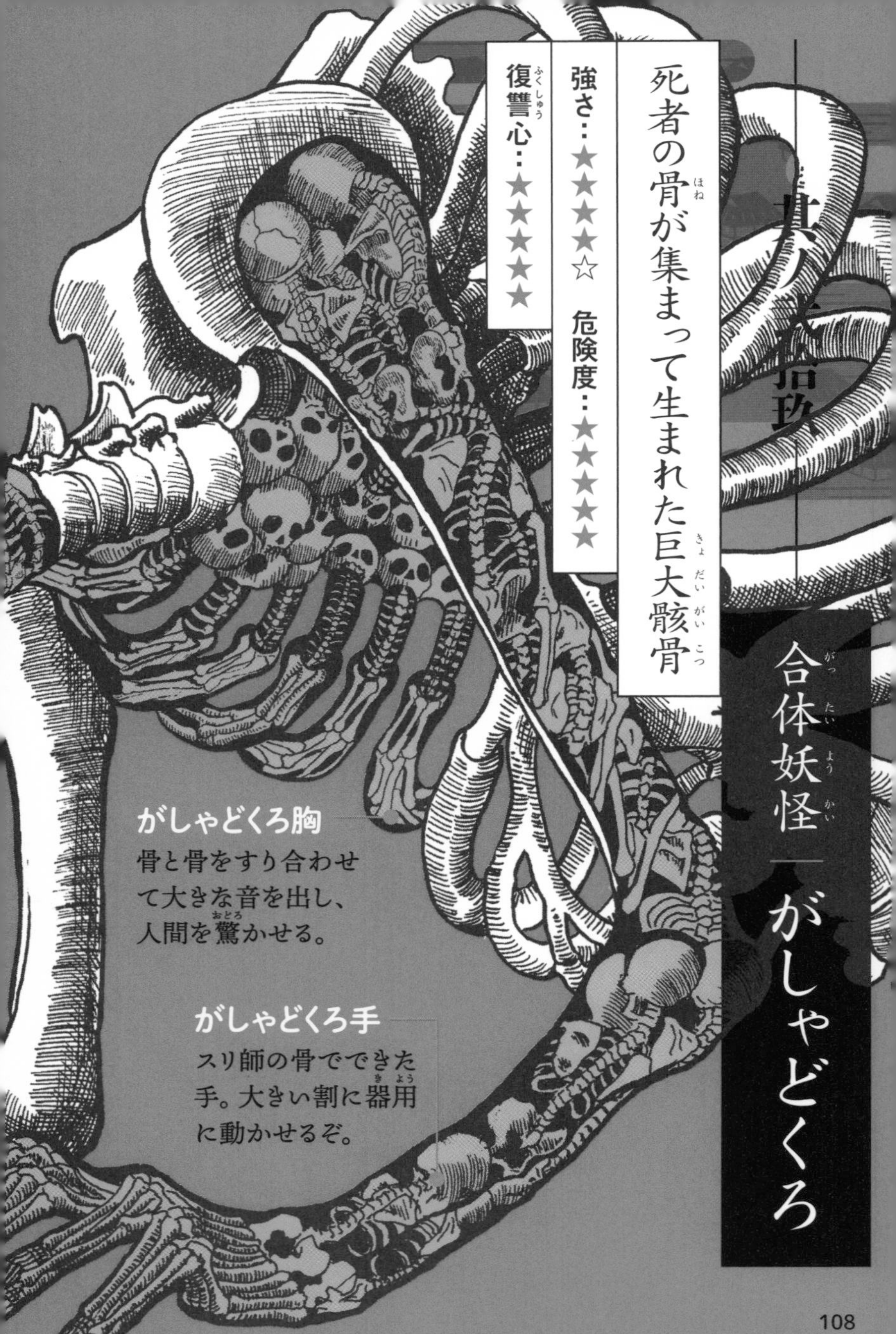

合《がっ》体《たい》妖《よう》怪《かい》 がしゃどくろ

死者の骨《ほね》が集まって生まれた巨《きょ》大《だい》骸《がい》骨《こつ》

強さ…★★★★☆　危険度…★★★★★

復讐《ふくしゅう》心…★★★★★

がしゃどくろ胸

骨と骨をすり合わせて大きな音を出し、人間を驚《おどろ》かせる。

がしゃどくろ手

スリ師の骨でできた手。大きい割に器用《きよう》に動かせるぞ。

がしゃどくろ脳

怨《うら》みを持った人の頭《ず》蓋《がい》骨《こつ》でできている。常に人間に復讐することを考えている。

がしゃどくろ目

視力二・〇の頭蓋骨が集まってできている。人間を探す時は大きく前に飛び出す。にらまれた人は動けなくなるぞ。

がしゃどくろ顎《あご》

鎧《よろい》を着ている人間もバリバリと食べてしまう強力な顎だ。

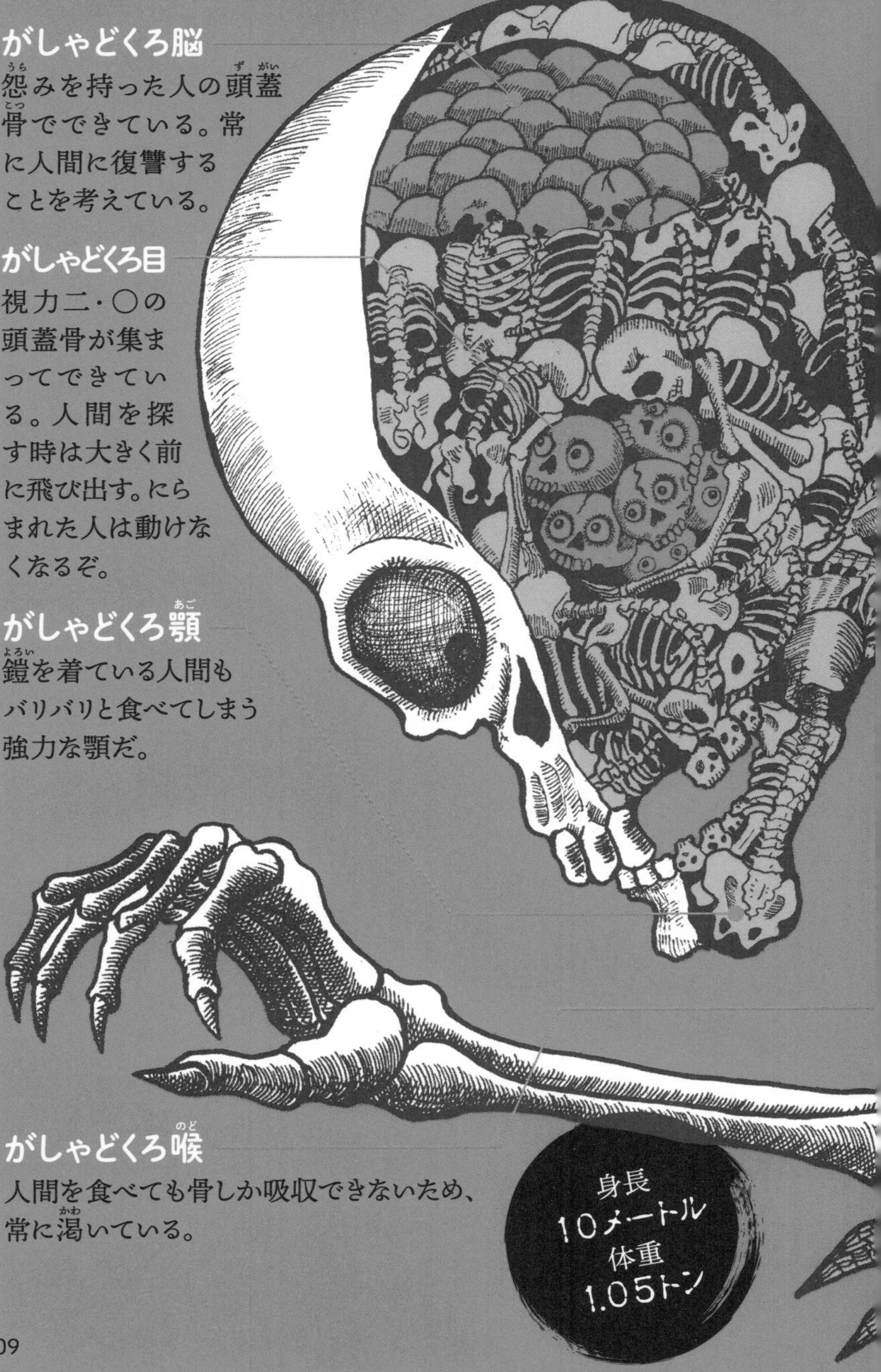

がしゃどくろ喉《のど》

人間を食べても骨しか吸収できないため、常に渇《かわ》いている。

―其ノ弐拾玖― 合体妖怪《がったいようかい》・がしゃどくろ

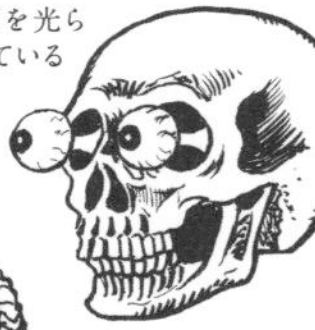

大きく飛び出した目を光らせ、深夜一人歩きしている人間を探している。

普段はトグロを巻いて眠っている。

滝夜叉姫。平将門の娘・五月姫とされる伝説の妖術使い。戦に敗れた父の無念を晴らすため、様々な妖術を使い、国家転覆を企んだ。

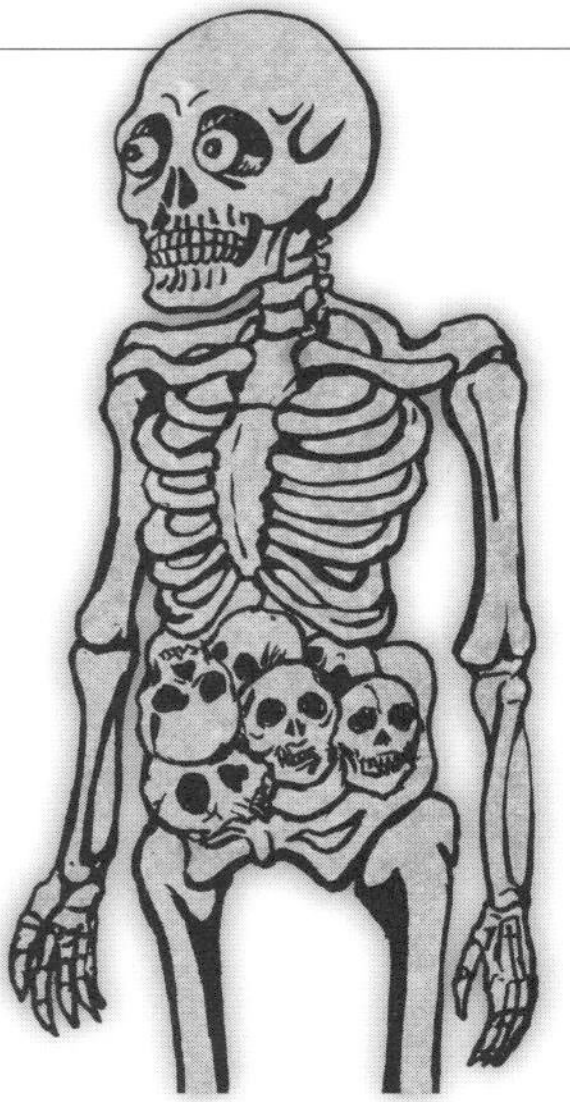

埋《まい》葬《そう》されることなく朽《く》ち果てた死者の骨《ほね》が集まって生まれた巨大骸骨《きょだいがいこつ》の妖怪。

深夜二時すぎ、激しい怨念《おんねん》を原動力にガシャガシャと音をたてながらさまよい歩き、出会った人間を握りつぶし、大きな歯で噛《か》み砕《くだ》いて食べてしまう。

その姿《すがた》は、黄色く燃えて不気味に光る目玉だけが飛び出した、巨大な骸骨だという。

身体は骨でできているだけに硬く、十人もの武士が斬《き》りつけてもビクともしなかったという。

一説によると、最初にこの妖怪を生み出したのは平将《たいらのまさ》門《かど》の娘である滝夜叉姫《たきやしゃひめ》だといわれている。彼女は将門が天《てん》慶《ぎょう》の乱に敗れた後、一族を滅ぼされた恨《うら》みを晴らすために妖術使《ようじゅつつか》いになったという。

伝説《でんせつ》では滝夜叉姫は妖術で無数の骸骨を操《あやつ》ったといわれているが、解剖図《かいぼうず》を見ると、そのことを裏《うら》付けるかのように、巨大骸骨を構成しているのは、無数の骨である。

滝夜叉姫は朝廷が派遣した陰陽師《おんみょうじ》によって成敗されたが、妖術の力で巨大妖怪へと生まれ変わらされた死者の怨念は、主人亡き後もがしゃどくろとなって、夜の里をさまよい続けているのかもしれない。

出現地域：千葉県、戦場などたくさん人が亡くなった場所
対処法：深夜二時すぎに一人歩きしない。夜道でガシャガシャという音を聞いたら、一目散に逃げる。

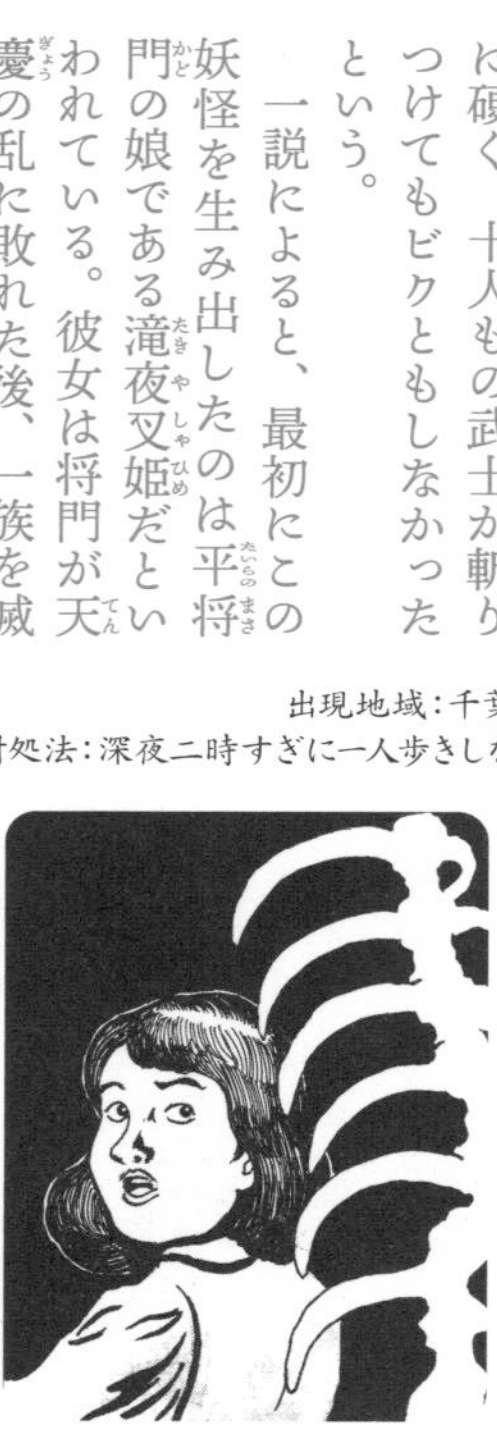

身体の骨をガシャガシャと鳴らして驚かせる。この音を聞いたらとにかく走って逃げよう。

—其ノ参拾— 不《ふ》定《てい》形《けい》妖《よう》怪《かい》・ぬっぺっほふ

顔のない妖怪のっぺらぼうは
ぬっぺっほふが化けたもの
といわれている。

封の肉を食べると怪力になるという。

ぬっぺっほふは
お坊さんや医者に
化けるのが得意だ。

背中の四枚の羽で
空を飛ぶ。

肉の塊《かたまり》のような身体に、大きな顔のようなシワのある、ぬらりくらりと捉《とら》えどころのない妖怪。

目鼻口のない妖怪「のっぺらぼう」の正体であるとか、駿《すん》府《ぷ》城《じょう》に現れた「肉《にく》人《じん》」と呼ばれる不定形の生き物のことであるとかいわれる。のっぺらぼうは人の姿《すがた》をした顔のない妖怪で、夜道に現れては人を驚《おどろ》かす。肉人は中国からやって来た「封《ほう》」という伝《でん》説《せつ》の生き物で、捕らえてその肉を食べれば怪《かい》力《りき》を授《さず》かるといわれている。

ぬっぺっほふで驚くべきはその飛《ひ》行《こう》能力で、背中に隠《かく》された四枚の羽《はね》で自由自在に空中を移動できる。駿府城に現れた肉人も空から降りてきたとか、宇宙人ではないかとかいわれているので、

飛んできたぬっぺっほふだった可能性がある。

野《の》田《だ》の記録によると「正体は中国からやって来た鬼《き》神《じん》で、世の中を混《こん》沌《とん》に陥《おとしい》れる」とある。変身能力があり、人間に化けて人間社会に入りこんでいるという。とても女性好きな妖怪で、お坊さんや医者に化けて人間の女性に近づいたりもするという。変《へん》幻《げん》自《じ》在《ざい》の身体を使って社会に溶けこみ、世の中を内側から混乱させようとしているのだ。

出現地域：東京都
対処方法：目、耳、鼻、口の七つの穴をあける。捕まえて肉を食べる。

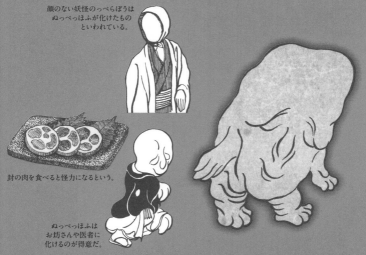

其ノ参拾

不《ふ》定《てい》形《けい》妖《よう》怪《かい》――ぬっぺっほふ

世の中を乱すことを考えている

変身能力：★★★★★
飛《ひ》行《こう》能力：★★★★☆
性格の悪さ：★★★★☆

身長
160センチ
体重
120キロ

ぬっぺ脳
混乱を好み、常に世の中を乱すことを考えている。

ぬっぺ目
見えていない。

ぬっぺ口
人間の悪意を吸いこんで食べる。歌っているような声で鳴く。

ぬっぺ柱《ちゅう》
ぬっぺっほふを支える背骨のような支柱。世の中を混乱に陥《おとしい》れる「悪意の柱」とも呼ばれ、ぬっぺっほふの身体は、ここからにじみ出る負の細《さい》胞《ぼう》から作られている。

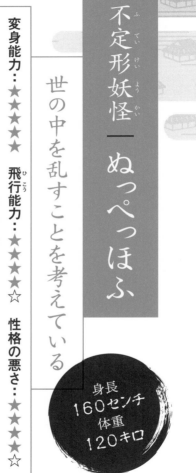

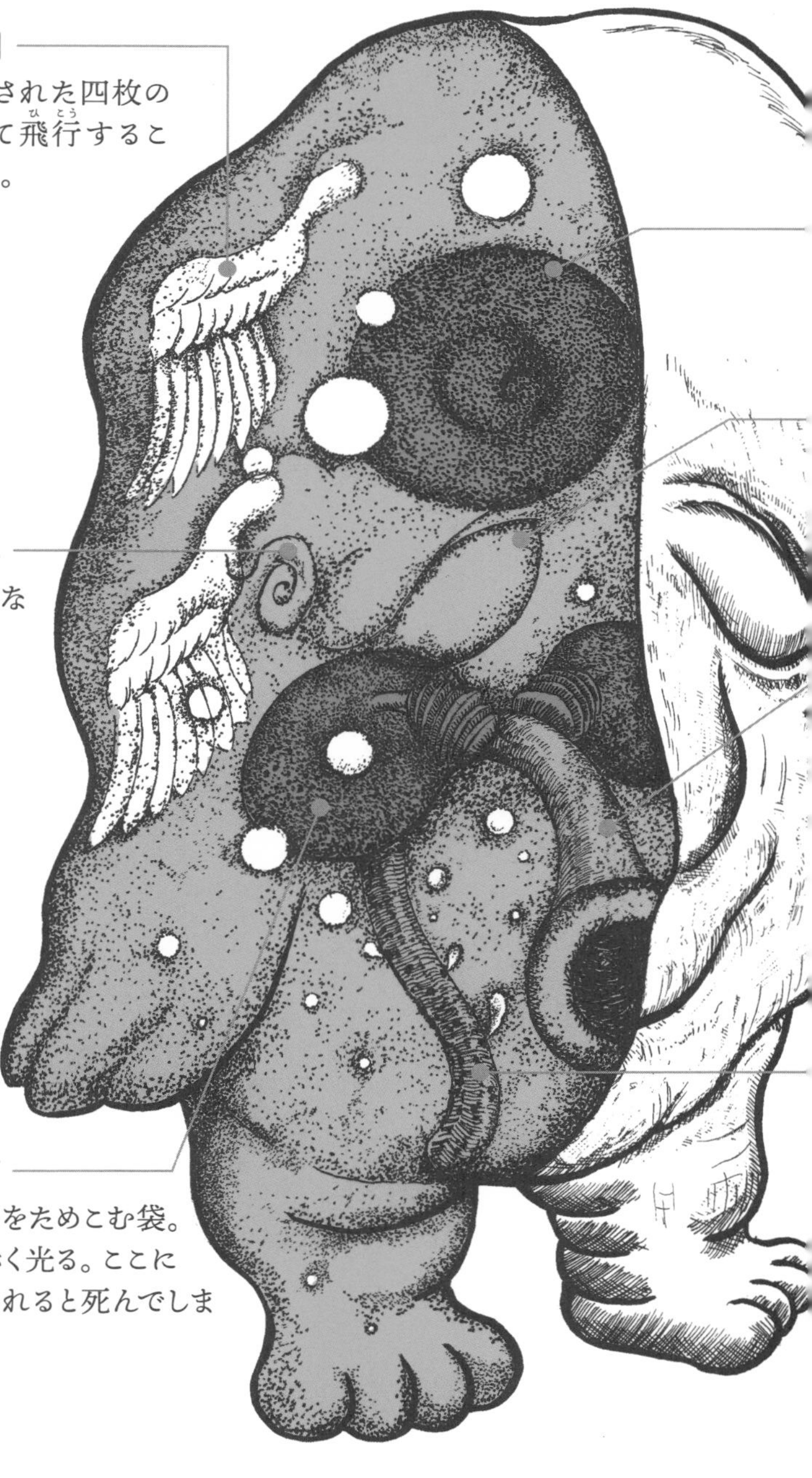

ぬっぺ羽《はね》

身体に隠《かく》された四枚の羽を使って飛《ひ》行《こう》することができる。

ぬっぺ耳

聞こえていない。

ぬっぺ肺《はい》

エネルギーをためこむ袋。膨《ふく》らむと赤く光る。ここに穴《あな》をあけられると死んでしまう。

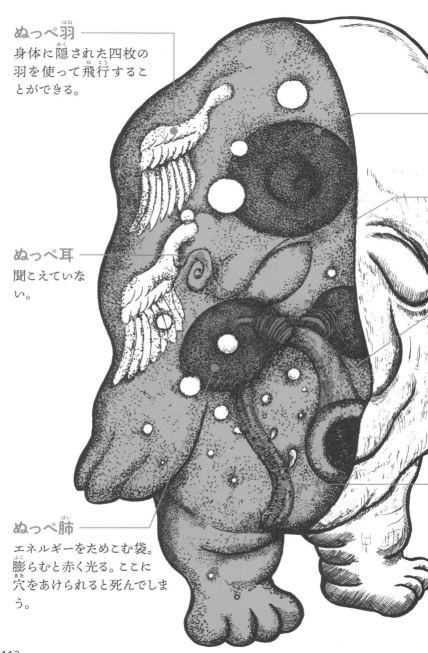

其ノ参拾壱

通《とお》り魔《ま》妖《よう》怪《かい》―髪《かみ》切《き》り

人間の髪の毛を切る

凶《きょう》暴《ぼう》度：★★☆☆☆
髪型のセンス：☆☆☆☆☆
正体不明度：★★★★☆

身長
1メートル
50センチ
体重
40キロ

髪切り髪

一本一本が刃物になっているので、頭に髪の毛が触《ふ》れても切れてしまう。

髪切り目

人の髪の毛から立ち昇《のぼ》る精《せい》気《き》を見ることができる。精気の強い人間の髪の毛を狙《ねら》うのだ。

麻《ま》酔《すい》袋《ぶくろ》

ここから催眠ガスを発《はっ》生《せい》させて口から吐く。一時的に意識を失わせている間に髪の毛を切り取る。

髪切り足

足の裏《うら》は壁《かべ》でも歩くことができる。足音も出ないので、相手に気づかれず忍び寄れる。

髪切り刃《ば》

鋭《するど》いハサミになった口と手で、髪の毛を切り取る。太い竹でも簡単に真っ二つにできる切れ味。

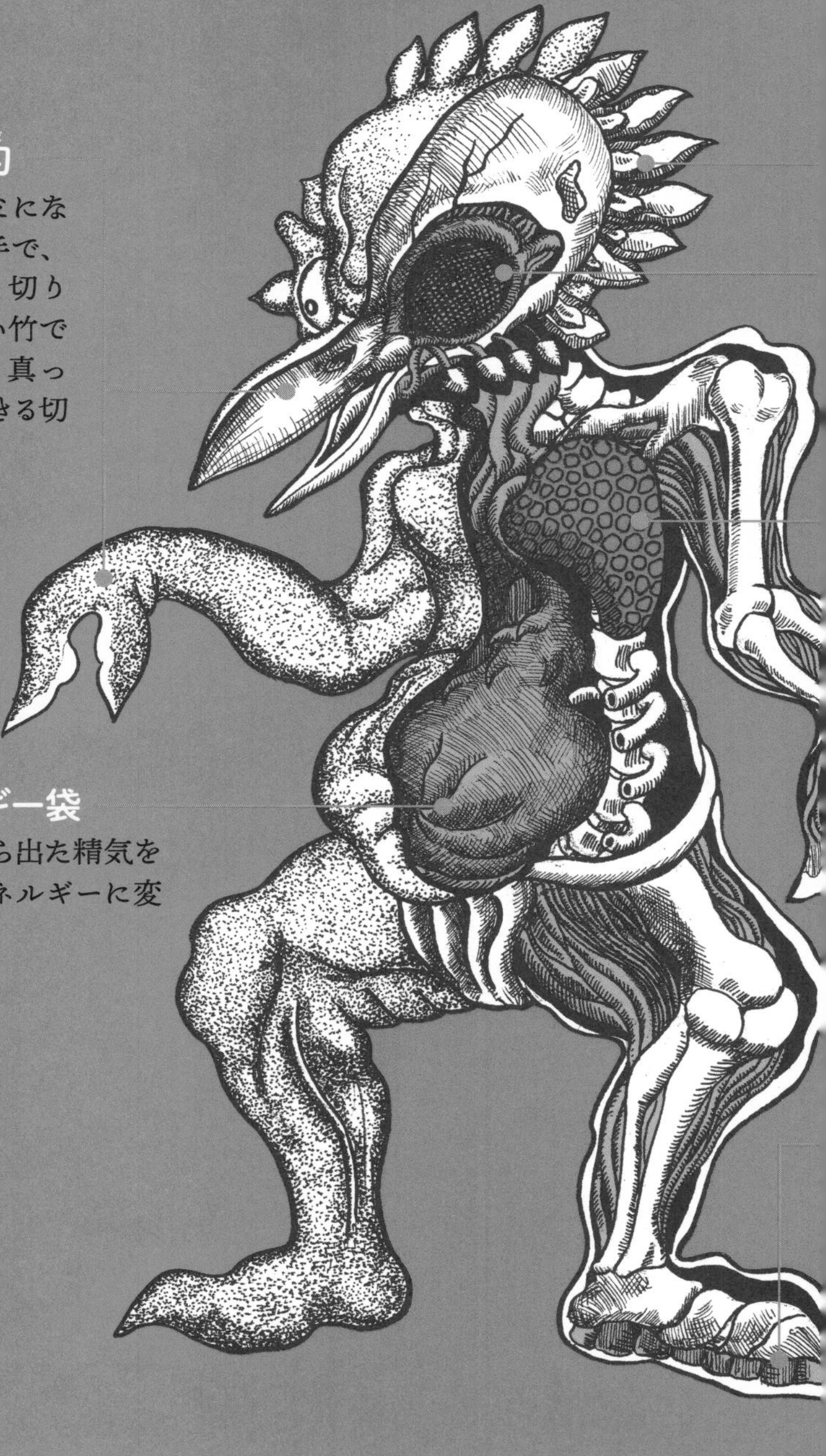

エネルギー袋

髪の毛から出た精気をためてエネルギーに変える。

―其ノ参拾壱―

通《とお》り魔《ま》妖《よう》怪《かい》・髪《かみ》切《き》り

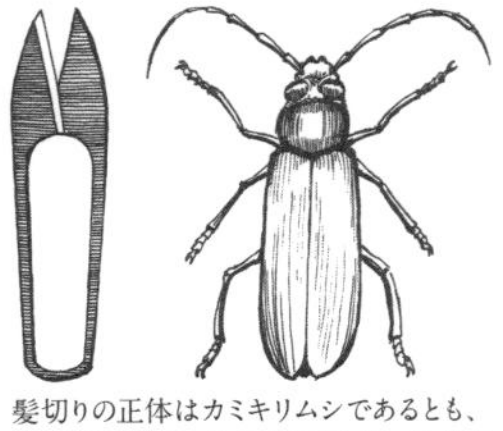

髪切りの正体はカミキリムシであるとも、使い古されたハサミであるともいわれている。

明治時代に番町に現れた髪切りは真っ黒い姿をしていたという。

夜中、道を歩いている人の髪の毛を切ってしまう妖怪。

東京《とうきょう》の神田紺《こん》屋《や》町《ちょう》では、夜に買い物に出かけた女性がこの妖怪に髪を切られた。本人は切られたことに気づかず、後で探してみると道端に結《ゆ》った髪の束が落ちていたという。

江《え》戸《ど》時《じ》代《だい》、このような事件が頻《ひん》繁《ぱん》に起き、野孤《のぎつね》を殺したら腹から髪の毛が出てきたとか、カミキリムシが髪を切っているとか、様々な犯人像が噂《うわさ》された。昭和時代には、生活のために売られた髪の毛の恨《うら》みから生まれた妖怪だともいわれた。夜に墓場から死体を掘り出しては髪の毛を切るという。墓場の方からジョキジョキという音が聞こえたら、髪切りが髪を切っているので、決して見に行ってはいけない。見ると必ず災《さい》難《なん》に遭《あ》う。

また、この妖怪に髪の毛を切られるということは、自分が生きた人間ではなくなってしまう証拠だともいわれる。結婚前にそのような現《げん》象《しょう》が起きたら、結婚相手が魔《ま》物《もの》や幽《ゆう》霊《れい》の可能性が高い。

髪切りの姿《すがた》は古くから絵に残されており、解《かい》剖《ぼう》図《ず》に描《えが》かれているのもほぼ同じ個体と思われる。人間に姿が見えても捉《とら》えどころがない妖怪と記録されているだけに、この資料は大変貴重である。

出現地域：群馬県、東京都、三重県
対処法：最初から丸坊主にしておく。

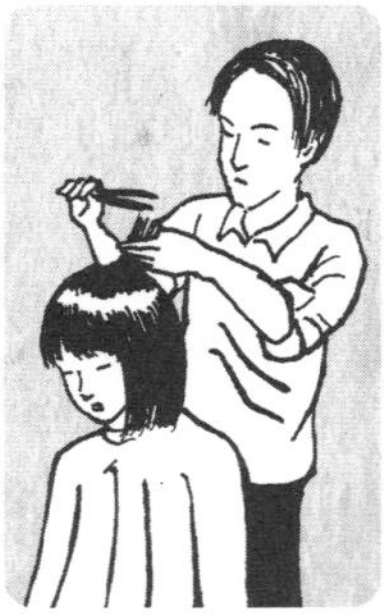

髪の毛には精気が宿っているともいわれる。散髪屋さんでカットの途中眠くなるのはそのためかもしれない。

—其ノ参拾弐— 反物《たんもの》妖怪《ようかい》・一反木綿《いったんもめん》

反物の精が夜に森や林を
飛び回っている姿である
ともいわれている。

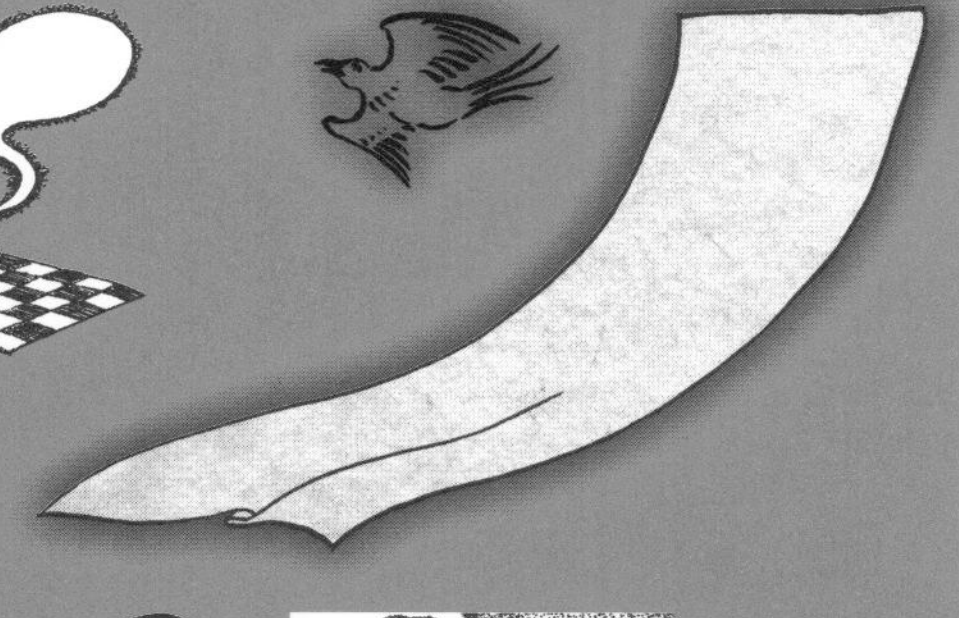

刀で斬ったら血が出た
という話も伝わっている。

新潟県佐渡島の衾は、風呂敷
状の妖怪で、人の頭から覆い被
さって襲ってくるが、お歯黒をつ
けた歯なら噛み切ることができる。

鹿《か》児《ど》島《しま》県《けん》肝《きも》属《つき》郡《ぐん》高《こう》山《やま》町《ちょう》（現・肝《きも》付《つき》町《ちょう》）に伝わる妖怪。一反（一〇・六メートル）ほどある布状の物体がひらひらと夕暮れ時に飛んできて、人の首に巻きついたり、顔にはりついたりする。巻《まき》物《もの》状《じょう》で飛んできて掛《か》け軸《じく》のように展開してから、下にいる人間を巻き上げることもある。このようなアクションは釣り上げ系の妖怪「鶴《つる》瓶《べ》おろし」とも似ている。

正体はムササビともいわれるが、昭和の図鑑には「反物の精《せい》が夜に飛び回る姿」と書かれている。一見すると怖くないが、人間を見ると猛スピードで飛んできて襲《おそ》いかかるという。

解《かい》剖《ぼう》図《ず》の妖怪は、九州で採集されたため一反木綿とされているが、野《の》田《だ》は「白《しろ》衾《ぶすま》」と記している。「衾《ふすま》」とは新《にい》潟《がた》県《けん》佐《さ》渡《ど》島《がしま》に伝わる、夜間に人に被《かぶ》さる風《ふ》呂《ろ》敷《しき》のような妖怪で、どんな名《めい》刀《とう》でも切れないがお歯黒を塗った歯なら食いちぎれるという。野田は一反木綿を解剖する際、薄《うす》く繊《せん》細《さい》な身体を正確に切り分けるために、霊《れい》的《てき》に精度が高い、お歯黒を塗った象《ぞう》牙《げ》のメスを使ってみたところ非常によく切れたので、衾の白変種と記したようだ。近《きん》年《ねん》、衾と一反木綿を同一視することが増えているのは、この記録が影《えい》響《きょう》しているのかもしれない。

出現地域：鹿児島県
対処法：刃物で切る。

一反木綿は長い身体で、人の顔や
身体に巻きついてくる。

其ノ参拾弐

反《たん》物《もの》妖《よう》怪《かい》　一《いっ》反《たん》木《も》綿《めん》

ひらひらと飛んで襲《おそ》いかかる

見かけの怖さ：★☆☆☆☆
危険度：★★★★☆
飛《ひ》行《こう》能力：★★★★☆

身長
11メートル
体重
700グラム

一反木綿脳
目でスキャンした情報を分析して、自分の身体の大きさや長さを決める、優《すぐ》れた計算機。

一反木綿骨《ほね》
薄《うす》くてしなやかな骨。やわらかい割に強く、刃物でも簡単には切れない。

一反木綿細《さい》胞《ぼう》
増殖、減少が思いのまま。瞬時に身体の大きさを変えることができる。

一反木綿爪《つめ》
普段は身体の中に隠《かく》している。人をつかんだら一気に巻き上げる。

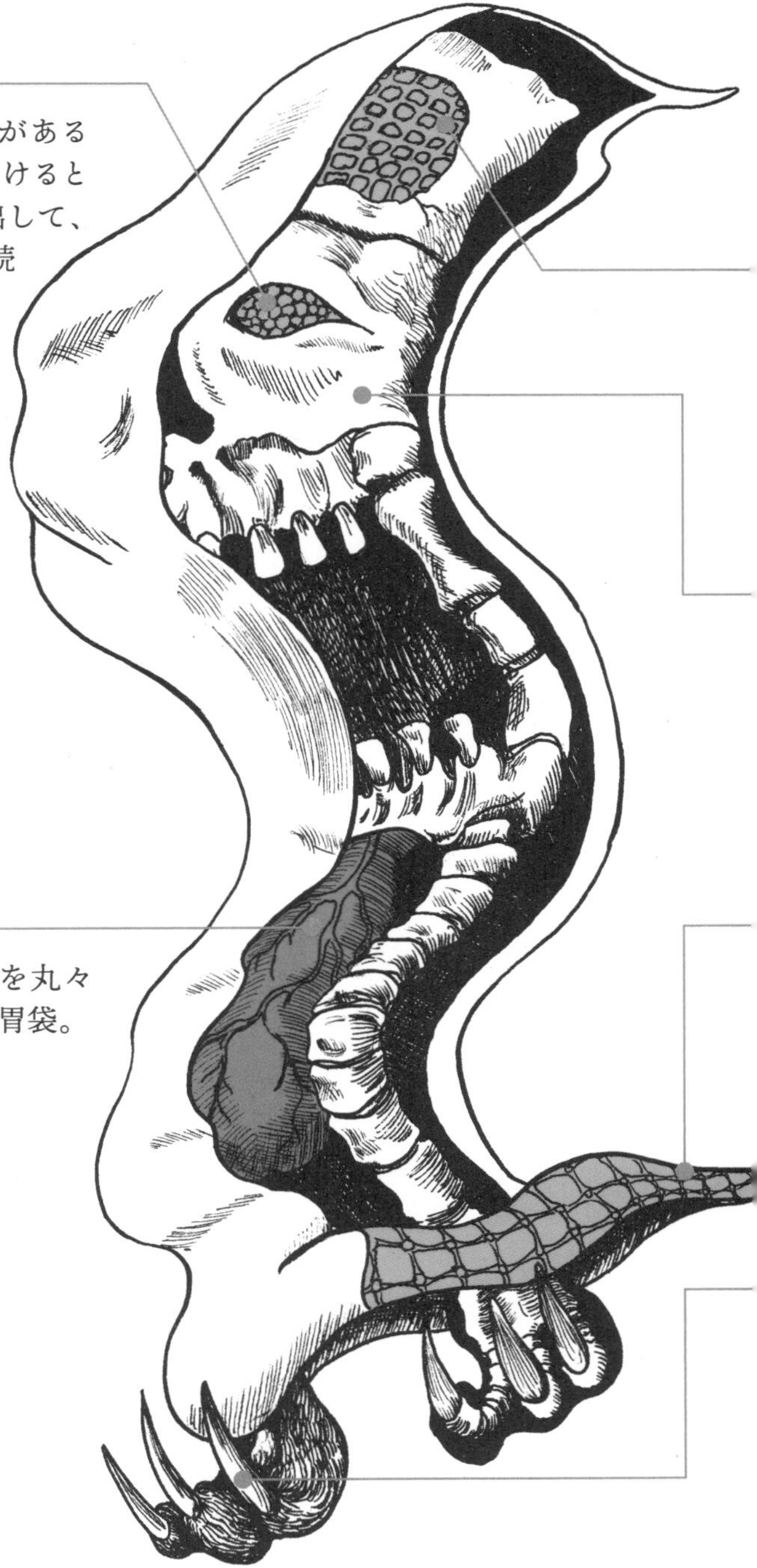

一反木綿目

スキャナー機《き》能《のう》がある目。獲《え》物《もの》を見つけると特《とく》殊《しゅ》な光線を出して、大きさや質量を読み取る。

長い身体で
人間を巻き取るぞ。

一反木綿胃

巻き取った人間を丸々飲みこめる大きな胃袋。

妖怪を探しに行こう！

日本各地には、妖《よう》怪《かい》が出たと伝えられる場所が今も多く残っている。それは決して歴史的な観光スポットだけとは限らない。調べてみれば、君の住む町、家の近所にも妖怪スポットが見つかるかもしれないぞ。

ここでは、日本物怪観光がおすすめする、妖怪探しに必要な道具を紹介しよう。

まずは地域の郷土資料館や図書館に行ってみよう。郷土資料に載っているお話を細かく調べると、そこにしかいない妖怪の情報が手に入るかもしれないぞ。

・・・妖怪探しに必要なアイテム・・・

※妖怪出現ポイントはひと気のない危険な場所も多い。
必ず大人と一緒に出かけよう。

①帽子

日除けはもちろん、砂《すな》かけ婆《ばばあ》の砂など、空からの攻撃から頭を守ってくれるぞ。

②方位磁針

道に迷った時、方角がわかるので助かるぞ。

③手袋

手から離れなくなる赤ちゃん系妖怪をうっかり抱いてしまったら、手袋ごと脱ぎ捨てて逃げよう。

④一口菓子

取り憑かれると動けなくなってしまう妖怪に襲《おそ》われた時、口にふくめば動けるようになるぞ。

⑤鏡

肉眼で見えない妖怪も鏡に映すと見えることがある。光を反射させて、遠くの人に信号を送ることもできるぞ。

⑥懐中電灯

暗い場所に行く時に必要。でも、あまり照らしすぎると、妖怪たちは逃げてしまうので注意。

⑦お守り

悪い妖怪から身を守ってくれる。

⑧水鉄砲

神《じん》社《じゃ》の水を入れておこう。妖怪を撃退する武器になるぞ。

家の妖怪

其ノ参拾参

飛《ひ》頭《とう》妖《よう》怪《かい》 ろくろ首《くび》

首が伸びたり抜けたりする

危険度：★★☆☆☆
飛《ひ》行《こう》能力：★☆☆☆☆
知名度：★★★★★

身長
148センチ
体重
45キロ

ろくろ脳
ほとんどのろくろ首は寝ている間の無意識の状態で首を伸ばしているといわれている。

ろくろ耳
首を飛ばす際に翼《つばさ》の役目をする。

排《はい》気《き》孔《こう》
首を伸ばす時に生じる熱を蒸気《じょうき》にして外に噴出する。ろくろ首の胸元から煙が昇《のぼ》ったら首が伸び始める合図だ。

ろくろ胃
夜行性《やこうせい》で昆虫《こんちゅう》を好んで食べるが、最近は人間を襲《おそ》う種族の存在も報告されている。

ろくろ管《くだ》
身体と頭を繋《つな》いでいる管。長時間離れていると死んでしまう。
ろくろ首
首が伸びているように見えるが、身体と頭を繋いでいる幽《ゆう》体《たい》である。

—其ノ参拾参—

飛頭妖怪《ひとうようかい》・ろくろ首《くび》

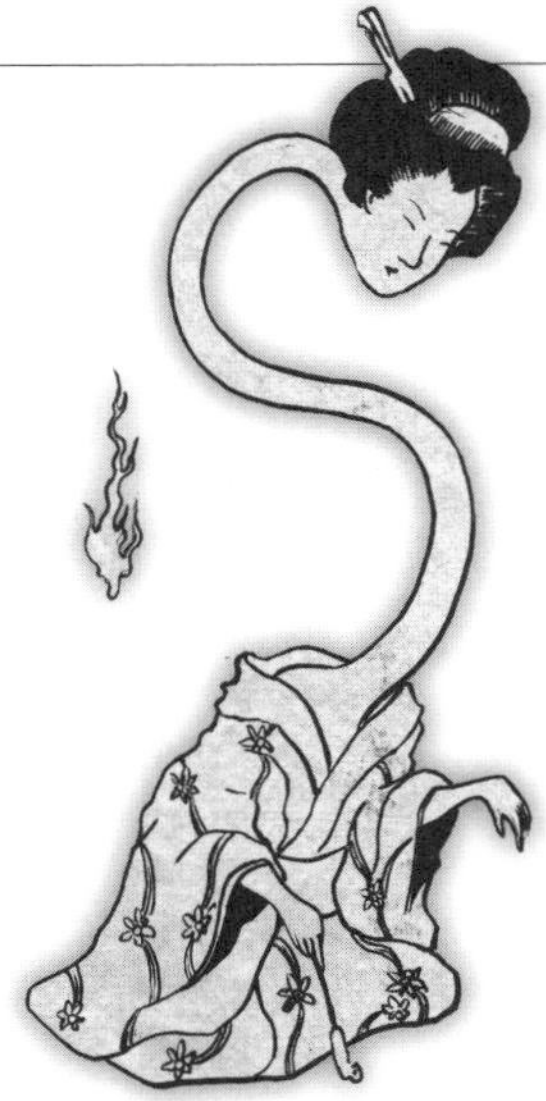

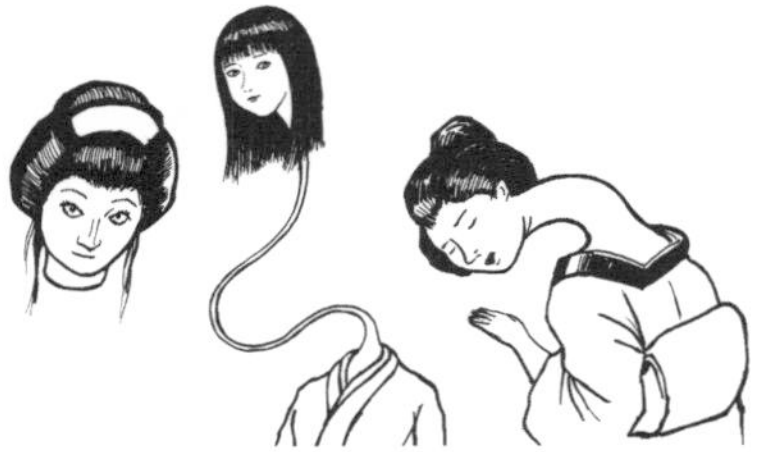

ろくろ首には、首が抜けるタイプや細い管で繋がっているタイプ、ほんの少しだけ垂れ下がるタイプなどがいる。

ろくろ首は長時間、首と身体が離れていると死んでしまう。

首が長く伸びる、もしくはクビが抜けて飛ぶ妖怪。中国からやって来たといわれる。昼は普通の人間だが、夜になると首が伸びたり抜けたりして辺りをさまよい、朝になると戻ってくる。

中国の書物《しょもつ》によると、ジャワ島やヒマラヤ山脈南側の山間部の洞穴《ほらあな》に、首が抜ける民族が棲《す》んでいるという。首に赤いスジがあり、夜になるとそこからクビが離れ、耳を翼《つばさ》にして飛び回り、虫などを食べるらしい。

日本のろくろ首も、寝ている間に、本人も気づかないうちに胴体《どうたい》から離れていることが多い。その間に見聞きしたことは夢で見ているかのように感じるので、一種の幽体離脱《ゆうたいりだつ》現象《げんしょう》とも考えられている。

ろくろ首は人間に危害《きがい》を加えることはないと思われていたが、小泉八雲《こいずみやくも》の怪談には、首だけで飛び、人間を食べるろくろ首が登場する。

山梨県《やまなしけん》の人里《ひとざと》離《はな》れた土地に男女五人で暮らしていたろくろ首が、誘いこんだ旅僧《たびそう》に首だけで襲《おそ》いかかる。ろくろ首はお経《きょう》が苦手で、首が抜けている間に身体を隠《かく》してしまえば、やがて死んでしまうという。吉野山《よしのやま》には、首にスジのあるろくろ首の暮らす村があるといわれている。

出現地域：千葉県、東京都、福井県、山梨県、香川県、愛媛県、熊本県
対処法：お経が苦手。首が離れている間に身体を隠して戻れなくする。

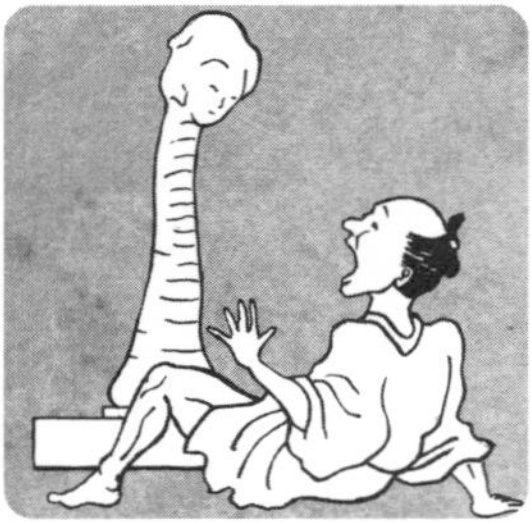

ろくろ首という名前は、ろくろで粘土が伸びる感じに似ているところからついたともいわれている。

―其ノ参拾肆― 切《き》り裂《さ》き妖怪《ようかい》・網剪《あみきり》

網剪は口や手のハサミの特徴から、妖怪髪切りが変異したものともいわれている。

漁に使う網や、蚊帳など網目状の物を切るのが大好きだ。

昭和の妖怪図鑑には、夫婦の縁を切ったと書かれている。時代によって網剪が切る物も変化しているようだ。

東北庄内《しょうない》の漁村《ぎょそん》で、繕《つくろ》いをした網を放置していたら、ズタズタに切られていた——。妖怪・網剪の仕業《しわざ》である。網をきちんとしまっていた金之助《きんのすけ》は、切られた漁師仲間を笑った。その夜、蚊帳《かや》の中で寝《やす》んだ金之助は身体中を蚊に刺《さ》されてしまう。見るときちんとはったはずの蚊帳がズタズタに切られていた。驚《おどろ》く金之助にどこからともなく網剪の笑い声が聞こえきて……。

網剪は江戸《えど》時代《じだい》の絵師《えし》・鳥山石燕《とりやませきえん》によって描《えが》かれたが、どんな妖怪なのか情報がまったくない。残っているのは『東北怪談の旅』（山田野理夫・著）に書かれた、この庄内の話だけである。

網剪という名前から、漁《りょう》に使う網や蚊帳を切り裂く妖怪とされるが、着物を刻んで食べるともいわれる。また網や衣類《いるい》などの物ばかりでなく、夫婦の縁まで断ち切ってしまうこともあるという。

近年《きんねん》、蚊帳を使う人がいなくなり、切るものを失った網剪は人の縁を断ち切るようになったのだろうか。

今頃は、デジタルの世界に身を移し、世界中にはりめぐらされたワールドワイドウエブと呼ばれるネットワークを分断させ、世の中を混乱させようとしているかもしれない。

出現地域：山形県
対処法：網は放置せず、まめに片付ける。

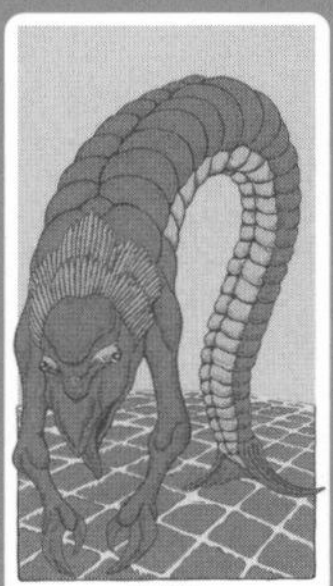

電脳世界には、ネットワークの網を切る網剪が生まれているかもしれない。

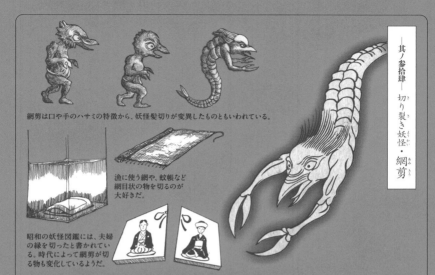

其ノ参拾肆

切《き》り裂《さ》き妖《よう》怪《かい》―網《あみ》剪《きり》

網目状の物をズタズタに切る

身長
6メートル
体重
40キロ

意地悪度：★★★☆☆
不気味度：★★★☆☆
ハサミの切れ味：★★★★★

網剪脳
網目状になっているものに反応する網目ソナー機能《きのう》を備《そな》える。

網剪目
世界が碁《ご》盤《ばん》の目のように見えているので、自分のいる場所を見失うことがない。

網剪歯
ハサミのような切れ味のくちばし状の歯。着物を刻んで食べてしまう。

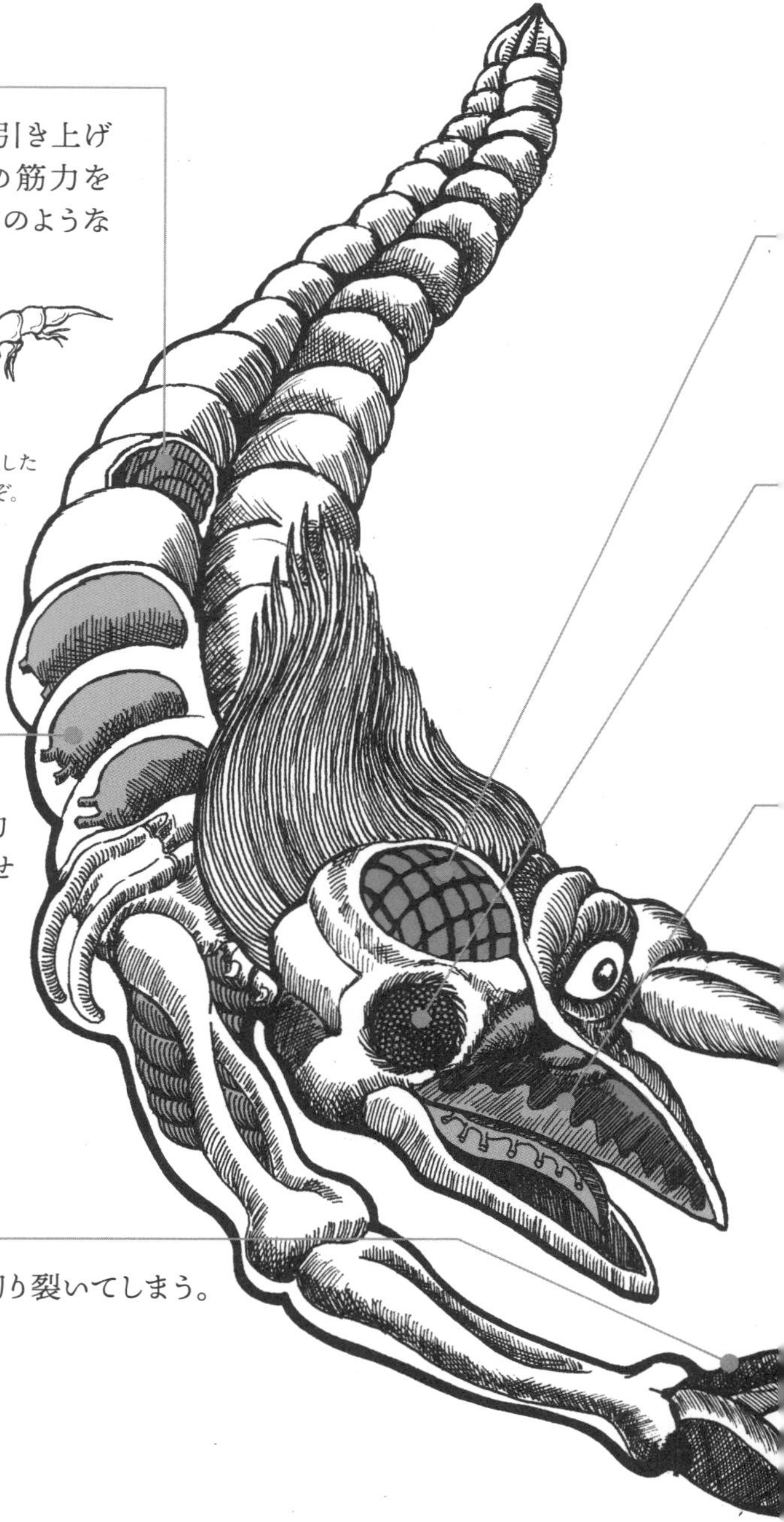

網剪尾《お》

地《じ》引《びき》網《あみ》を軽く引き上げてしまうほどの筋力を持つ。身はエビのような味がする。

網剪はオキアミが変化した妖怪ともいわれているぞ。

網剪肺《はい》

吸いこんだ空気を吹き出す力で身体を浮かせている。

網剪ハサミ

どんな網でも切り裂いてしまう。

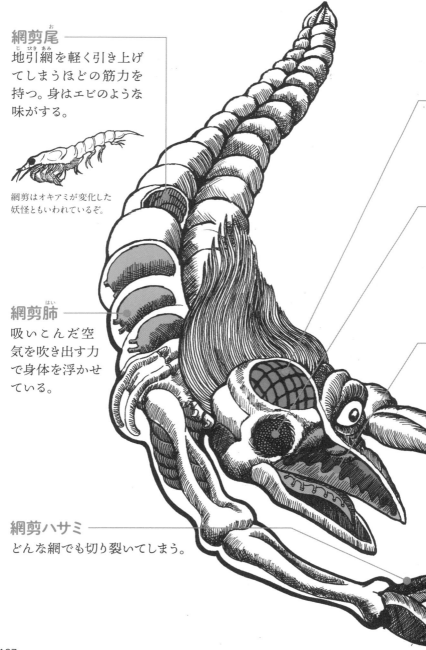

―其ノ参拾伍―

執《しゅう》着《ちゃく》妖《よう》怪《かい》―目《もく》目《もく》連《れん》

破れ障《しょう》子《じ》に現れる無数の目

念の強さ：★★☆☆☆
視力：★★★★★
気になる度：★★★★☆

目一つの大きさ
4センチ
重量
計測不可

目目核《かく》

目目連の本体。この小さな目から伸びた手がどんどん繋《つな》がって障子全体に広がっていく。

目目手

核から伸びる線のような組織。核と核を繋げてどんどん広がっていく。

目目脳

核の一つが発達して作り上げた記憶装置。過去に見たすべての碁の対局がインプットされている。

目目目《め》

骨《ほね》の枠《わく》におさまった核のうち、二つの核だけが発達して瞳となる。視力は両目ともに五・〇。どんなに離れた場所からでもじっと見つめることができる。

目目骨
障子の桟《さん》は目目連が宿った瞬間から、見た目そのままで骨に変わる。骨で囲まれた一マスごとに目目連が生まれるのだ。
これは目目連ではない。覗《のぞ》いている人間の目だ。

—其ノ参拾伍—　執着妖怪《しゅうちゃくようかい》・目目連《もくもくれん》

石燕の解説によると、目目連は、碁を打つために碁盤に注がれた、たくさんの視線から生まれた妖怪だ。

鳥山石燕。目目連を描いた江戸時代の絵師。この解剖図でも紹介している天井下りなど、今日伝えられているいくつかの妖怪を創作したといわれているが、本当は、彼だけには見えていたのかもしれない。

推理小説家の江戸川乱歩は、尾行をする際には、たとえ相手の後ろからでも、あまりじっと見つめてはいけないと言っている。視線にはそれくらい存在感があるのだ。

荒れ果てた廃屋《はいおく》の破れ障《しょう》子《じ》に無数の目を映す妖怪。絵師《えし》・鳥山石燕《とりやませきえん》が生み出したといわれている。かつて碁《ご》打《う》ち師が住んでいた家の障子に、碁盤《ごばん》に注がれた目の念が無数の目となって現れたものだという。また一説には、もののけが集まったものだとも、人知れず死んだ旅僧《たびそう》の霊《れい》ともいわれている。

青森県《あおもりけん》には、これと似た妖怪の記録がある。津軽郡十三《つがるぐんじゅうさん》村《むら》の港町に材木を買いにきた半沢屋呉助《はんざわやごすけ》という男が、宿代をケチって空家《あきや》になっている古屋敷《ふるやしき》に泊まったところ、破れ障子の枡目《ますめ》一つ一つに無数の目が現れた。ところが呉助は少しも驚《おどろ》かず、一つずつその目を取って袋に入れて江《え》戸《と》に持ち帰り、目玉を眼科医に売り払ってしまった。

出現地域：青森県
対処法：廃屋に泊まらない。視線を気にしない。

これは前述の本『東北怪談の旅』に収録されている「障子の目」という話だが、医者である野田《のだ》はこれを作り話だとしている。その理由として、目目連を採取しようとした野田は、障子に深くはりついた目だけを取り出すのは非常に困難であったと記している。

人の視線《しせん》は時に身に刺《さ》さるように感じることがある。目目連はそういった強い眼差《まなざ》しが実体化した妖怪なのである。

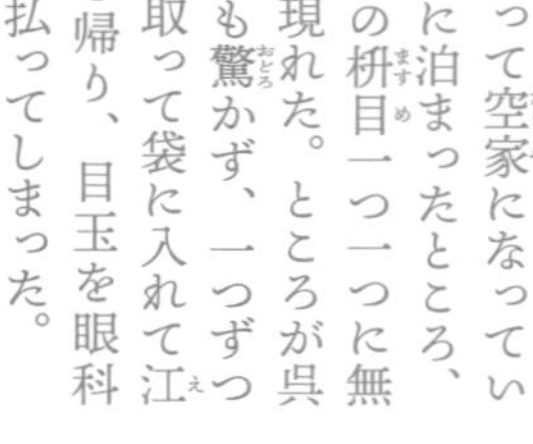

トルコの「ナザールボンジュウ」は瞳の呪いから身を守るお守りだ。人の注目を集めることで発生する妬みや悪意といった呪いを、身代わりになって受け止めてくれるぞ。

―其ノ参拾陸― 逆《さか》さま妖怪《ようかい》・天井下《てんじょうくだ》り

かつて、屋敷に忍び込んだ鬼が屋根の破風をつかんで逃げたことがあった。天井下りも破風を伝って出入りするので、屋根には破風をつけない方がよいというぞ。

人をひっくり返るくらい驚かせるのを生きがいとしている。びっくりして気絶してしまう人が続出した。

お城に現れるという「逆立ち女」は、五人の腰元をひきつれて、城内の天井を逆さまになって歩き回る。天井下りの仲間かもしれない。

突然、天井からぶら下《さ》がって人を驚《おどろ》かす妖怪だ。髪《かみ》を振り乱した老婆《ろうば》の姿《すがた》で、天井から顔を出してニヤニヤと笑っている。人を困らせたり、やりこめることを生きがいとしている。

逃げ足は早く、人が驚きへこんでいる間に姿を消してしまう。

天井を歩くことができるともいわれていて、天井に足をつけてぶら下がってみたり、ポトンと落ちて驚かせることもあるという。

この妖怪を「天井さがり」と呼ぶこともある。天井さがりは、身体を自由に変化させることができ、ゴム状になって天井にある小さな節《ふし》穴《あな》から部屋の中に侵入する。穴から垂《た》れ下がった後、身体をみるみる元の姿に戻すと、赤く長い舌を伸ばして人の顔を舐《な》める。気づいてびっくりしている間に、身体を変化させて屋《や》根《ね》裏《うら》から逃げてしまう。

家の中において、天井裏は明かりが届かない異界《いかい》である。その闇《やみ》の中は、妖怪にとって最高の住処《すみか》となる。

天井下りは、そんな場所から人が驚く姿を見るチャンスをうかがっているのだ。

出現地域：日本各地の家の中
対処法：天井に隙間を作らない。屋根に破風をつけない。

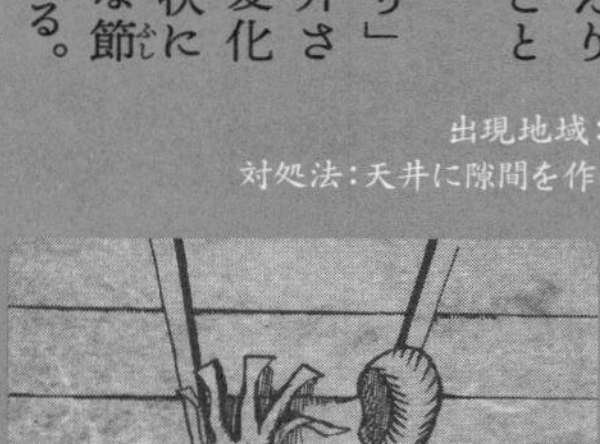

明かりが届きづらい天井裏は、地上に暮らす人間にとっては異界である。その闇の中には、「天井嘗（なめ）」という妖怪も潜んでいるぞ。

其ノ参拾陸

逆《さか》さま妖《よう》怪《かい》―天《てん》井《じょう》下《くだ》り

天井からぶら下《さ》がって人間を驚《おどろ》かす

背《はい》筋《きん》力：★★★☆☆
握力《あくりょく》：★★★★★
性格の悪さ：★★★★☆

身長
140センチ
体重
35キロ

天井下り足
足の裏《うら》の吸盤《きゅうばん》で天井を自在に歩き回る。軽く蹴《け》るだけで天井に穴《あな》をあけてしまうキック力も持っている。

天井下り手
握力が異常に強く、指先の力だけで天井の桟《さん》をつかんでぶら下がることができる。

天井下り脳
人間をやりこめ、ひどい目に遭《あ》わせることばかり考えている。反面、非常に臆病《おくびょう》で、捕《つか》まらないように常に逃げ道を確保している。

天井下り舌
寝ている人の頬《ほお》を舐《な》めて驚かす。自在に伸びるので高い天井からでも、下の人や物を舐めることができる。

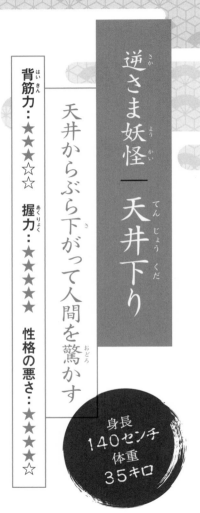

天井下り心《しん》臓《ぞう》

いつも天井からぶら
下がっているので、
心臓が上寄り
についてい
る。

其ノ参拾漆

怨《おん》念《ねん》集《しゅう》合《ごう》体《たい》 — 幽《ゆう》霊《れい》

強い怨《うら》みや未《み》練《れん》を残して死んだ人間

怨念：★★★★★
変《へん》幻《げん》自《じ》在《ざい》度：★★★☆☆
現世への後悔：★★★★★

身長
データなし
体重
21グラム

幽霊シーツ

ふわふわしたシーツのようだが、エクトプラズムのような物質でできている。シャイな幽霊が身にまとうぞ。

幽霊のエクトプラズムは、幽霊が持つ負のエネルギーでできているぞ。

幽霊足

ふわふわと宙《ちゅう》に浮いたりするので無いものもあるが、しっかりとした足を持つ幽霊もいる。

天冠《てんかん》

死者であることをアピールするために着けている。

幽霊目

夜の墓地や暗い屋敷内でも、はっきりと周囲を見渡すことができる。

幽霊腕《うで》

おいでおいでをして、あの世に招く。

霊体

呪物《じゅぶつ》に人の怨念とそれを恐れる人々の気持ちが合わさってできている。この個体は洞窟《どうくつ》に置き去りにされた握《にぎ》り飯《めし》に生えたナミダタケが呪物になっている。

割れた皿《さら》や提《ちょう》灯《ちん》を呪物にした幽霊もいる。

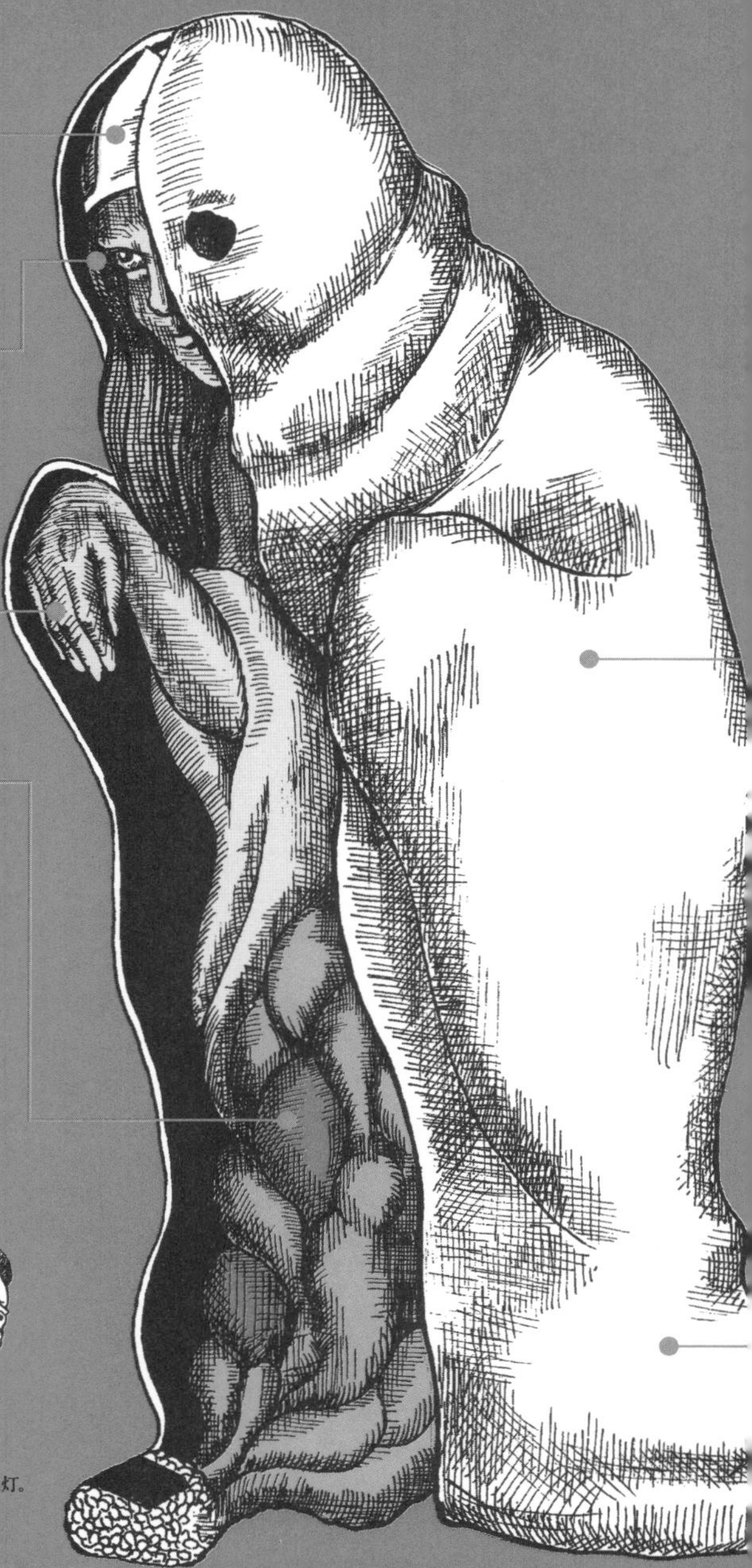

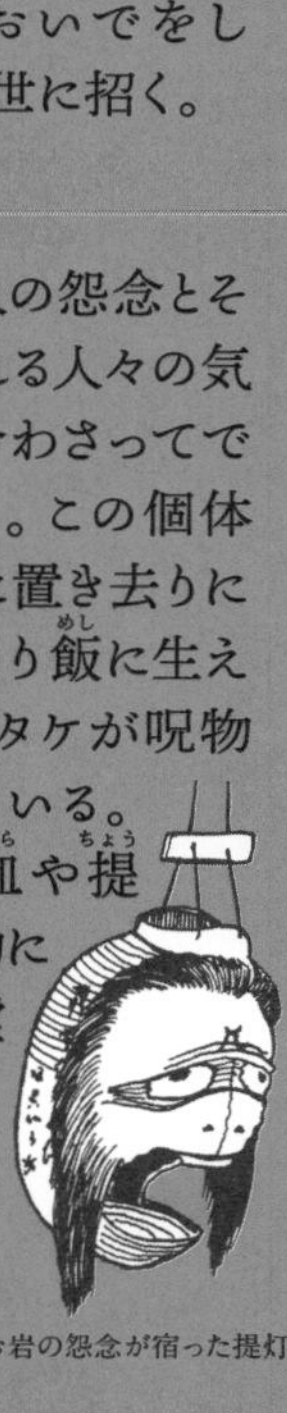

お岩の怨念が宿った提灯。

―其ノ参拾漆― 怨念集合体《おんねんしゅうごうたい》・幽霊《ゆうれい》

夫に殺された怨みから幽霊になり、復讐したお岩さん。

無実の罪で処刑された英国王妃アン・ブーリンは、今もロンドン塔の中をさまよい歩いている。

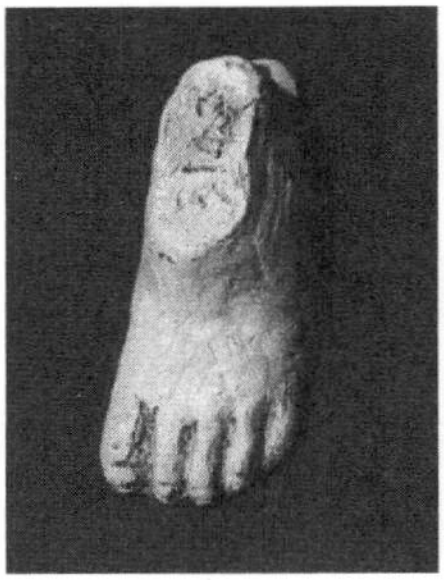

日本では足がないといわれる幽霊だが、ポーランドの詩人・クルスキーが幽霊を型取りした標本には、手形数個に混じって足型もあった。幽霊には足があったのだ。

この世に様々な思いを残して死んだ人間が、あの世に行けず、魂《たましい》だけでこの世にとどまった姿《すがた》。現れ方は様々で、姿を見せずに音をさせたり声を発したりする場合《ばあい》もあれば、生きていた時の姿で現れたり、人や物に乗り移って現れたりすることもある。

この世に未練《みれん》があるが故《ゆえ》に幽体《ゆうたい》となっているため、その悲しみを訴《うった》えたり、生前やり残したことをやり続けたりする。個体によっては、人に激しい恨《うら》みを持ち害をなすものもいる。建物《たてもの》を揺らしたり、物を飛ばしたりする「ポルターガイスト」現象《げんしょう》を起こしたり、相手に乗り移って自殺させたりする悪質なものも。

このような霊《れい》の力を抑えるために、神仏《しんぶつ》の力を借りて、鎮魂《ちんこん》、成仏《じょうぶつ》させる。

出現地域：日本各地

対処法：お祓いをする。お経をあげる。想いをとげさせる（犠牲を伴う場合あり）。

西洋《せいよう》では、その得体《えたい》のしれない幽体を白いシーツを被《かぶ》った姿で表現することがあるが、野田《のだ》の解剖《かいぼう》結果によると、白いシーツは幽霊が自《みずか》らの姿を隠《かく》すベールのような物で、幽霊自体も、暗闇《くらやみ》で光るキノコが人のような形をしていただけだという。

古い諺《ことわざ》に「幽霊の正体見たり枯《か》れ尾花《おばな》」とあるが、怖いと思う気持ちがただの物質と死者の魂を結びつけ、幽霊を生み出していたというのである。

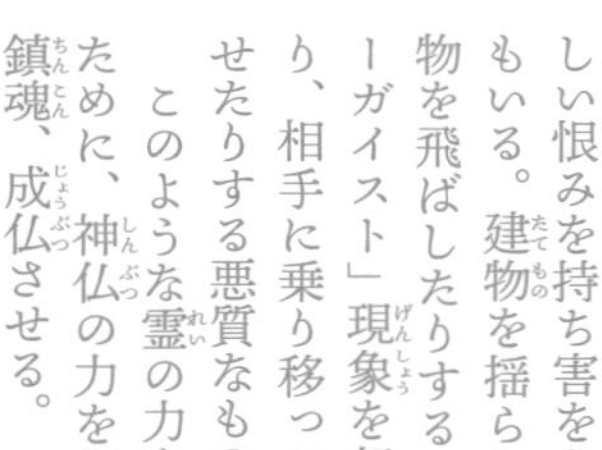

実体を持たない幽霊は霊媒師の力を借りたり、写真に写ることで存在をアピールする。

―其ノ参拾捌―

怪《かい》猫《びょう》妖《よう》怪《かい》・猫《ねこ》又《また》

猫は行灯の油をペロペロと舐める。
これはどうやら魚の脂を
使っているかららしい。

佐賀県の鍋島藩を襲った化け
猫の妖力は大変強力で、尻尾
が七本も生えていたという。

猫の恨みはとても深い。
殺された猫は土に埋め
られた後も恨み続け、
自らの口からカボチ
ャを生やすという。
その実は猛毒で、
食べた人は死
んでしまう。

年を経《へ》て妖力《ようりょく》を得た猫の妖怪。山に棲《す》み、普通の猫より大きく、二股《ふたまた》の尻尾《しっぽ》を持つ。化け猫とは、年齢に関係なく化けて怪しい行動をとる猫のことをいうが、さらに年齢を重ね、強い妖力を得たのが猫又だ。人間に化ける能力があり、凶暴《きょうぼう》で動物や人を襲《おそ》って食べてしまうことも。家族の誰かを襲い、その人間になりすましていたという話も多い。

猫又が棲んだという山が日本各地にあり、その山の名前にもなっている。例えば福島県《ふくしまけん》の猫魔岳《ねこまがたけ》には、人間を襲う猫又が侍《さむらい》や鉄砲《てっぽう》撃ちに退治された話が伝わっている。

猫は、その独特の行動パターンから、妖怪的な生き物とされてきた。葬儀《そうぎ》の際、猫が死体を飛び越えると死体が動き出すとか、遺体《いたい》をさらっていくとか伝える地域《ちいき》もある。火の車を引いて現れ、死者の身体を奪《うば》っていく妖怪「火車《かしゃ》」も大猫が妖怪化したものといわれている。

家庭で飼っている猫も、年齢を重ねると猫又になる可能性がある。家の中の手ぬぐいが無くなったら要注意。猫は踊るのが大好きなので、家にある手ぬぐいを持って、夜な夜な家を抜け出し、集まった他の家の猫たちと円になって夜通し踊っているのだ。

出現地域：福島県、神奈川県、東京都、石川県、島根県、香川県など
弱点：刀、鉄砲、犬

江戸時代、
鳥を捕まえようとして、逃
がしてしまった猫が「残
念なり」と口にしたのを
目撃した人がいる。猫は
十年も生きると人の言葉
を喋れるようになるとい
う。

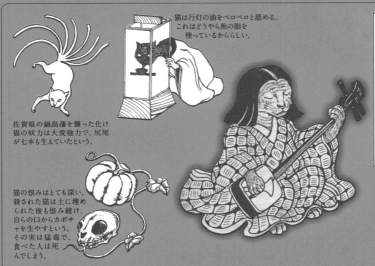

其ノ参拾捌

怪《かい》猫《びょう》妖《よう》怪《かい》―猫《ねこ》又《また》

二《ふた》股《また》の尻《しっ》尾《ぽ》を持つ大型の化け猫

凶《きょう》暴《ぼう》度：★★★★☆
可愛さ：★★★☆☆
尻尾の数：★★★★★

身長
60センチから
2メートル80センチ
体重
20キロから
95キロ

猫又脳

年を経《へ》て、知力と霊《れい》力《りょく》を宿している。人の言葉を話すことができ、強く念じることで身体を様々な形に変えることも可能。

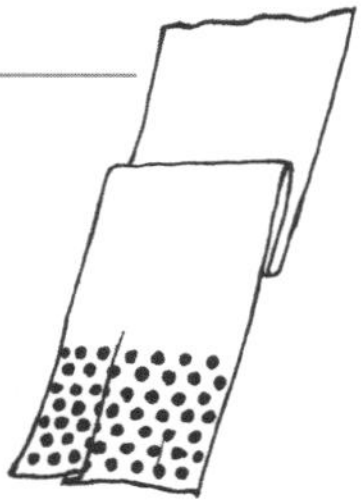

・手ぬぐい

猫又は踊る時に手ぬぐいを頭に被るため、踊りに出かける時は、家の手ぬぐいを持っていってしまう。あったはずの手ぬぐいが見当たらなくなったら、飼っている猫の仕《し》業《わざ》かもしれない。

猫又尾《お》

妖《よう》力《りょく》を持った猫の証《あかし》。長い年月をかけて尾の周辺の肉が下《さ》がって尻尾になった。最大で七本の尾を持つ猫又がいる。

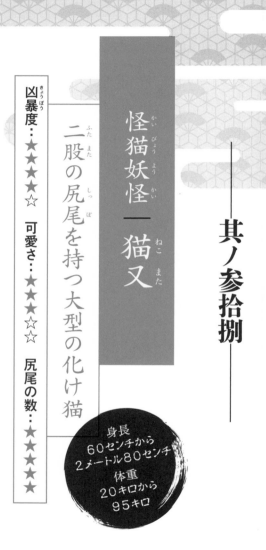

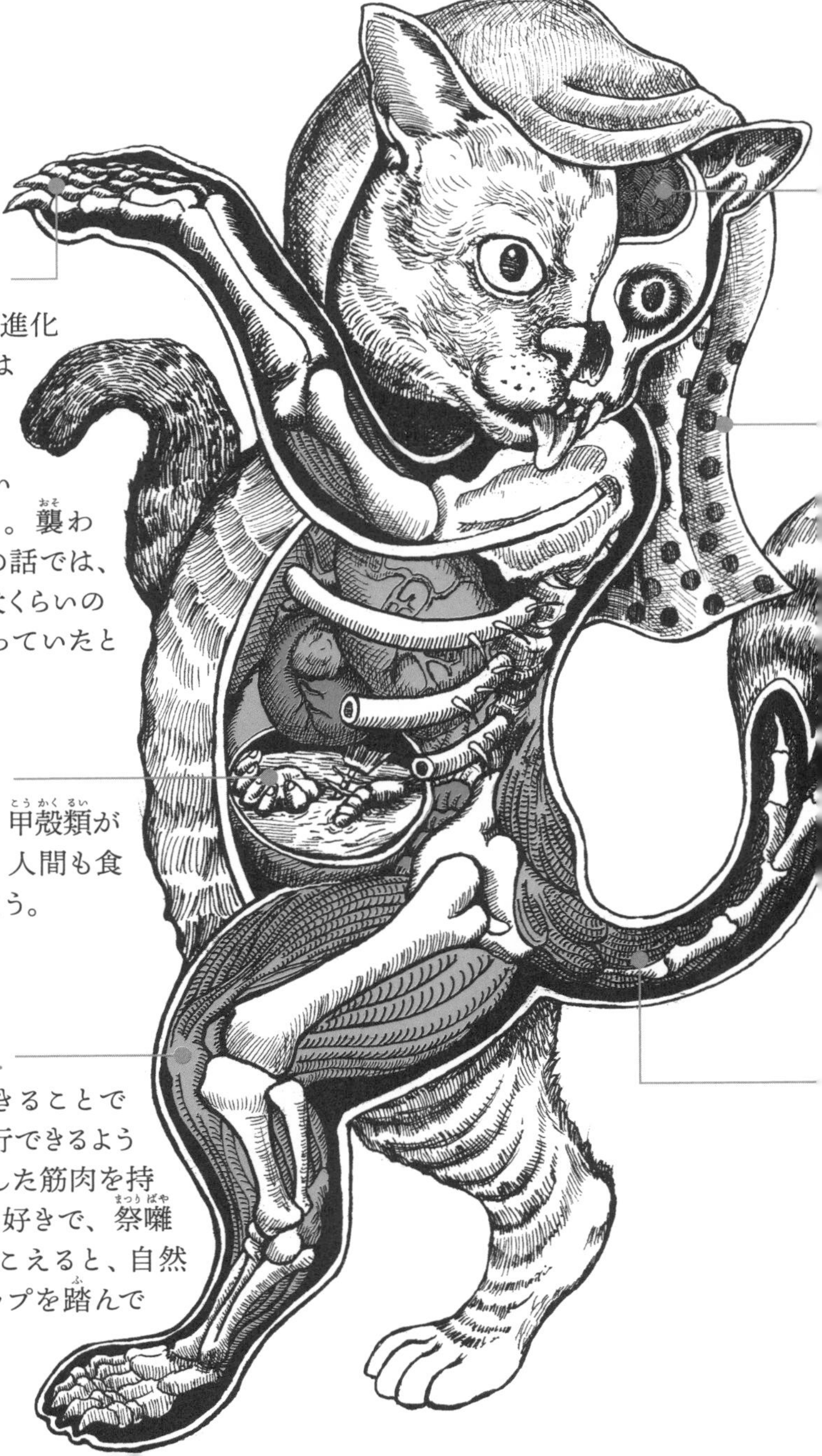

猫又爪《つめ》

するどく進化した爪はどんな物でも切り裂《さ》いてしまう。襲《おそ》われた人の話では、大きな犬くらいの力を持っていたという。

猫又胃

魚介類《ぎょかいるい》、甲殻類《こうかくるい》が大好き。人間も食べてしまう。

猫又足

長く生きることで二足歩行できるように発達した筋肉を持つ。踊り好きで、祭囃《まつりばや》子《し》が聞こえると、自然にステップを踏《ふ》んでしまう。

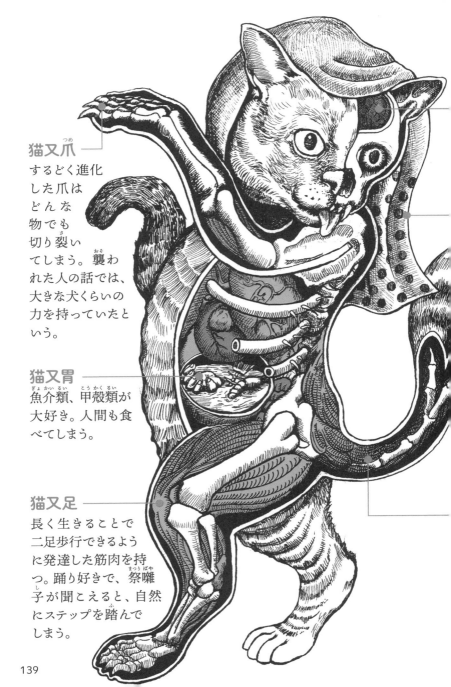

——其ノ参拾玖——

不浄妖怪《ふじょうようかい》——垢嘗《あかなめ》

風呂場《ふろば》に溜まった垢を舐《な》め取る

清潔さ…☆☆☆☆☆
危険度…★☆☆☆☆
陰《いん》のパワー…★★★★★

身長
10センチから
40メートル
体重
5グラムから
30000トン

垢嘗目

常によどんでいる。目を合わせると次第に体調が悪くなる。

垢嘗舌

垢や汚れを分解する酵《こう》素《そ》を出して、どんな垢でも舐め取ってしまう。この酵素に触《ふ》れると人の肌は赤く腫《は》れてしまうので、人の垢を舐める場《ば》合《あい》は分泌《ぶんぴつ》を抑えることも可能だ。

垢嘗核《かく》

垢やゴミ、埃を引き寄せて一つの身体にしている垢嘗の心臓部《しんぞうぶ》。汚れの持つ陰の気をエネルギーにしている。

垢嘗胃

舐め取った汚れは食道を通ってここに運ばれ、汚れの種類によって、身体の各所に運ばれる。

垢嘗足

ナメクジのような足はどんなぬるぬるの床でも吸い付くように歩ける。汚れが石灰化《せっかいか》してできている爪《つめ》は、苔《こけ》むした岩場ではスパイクの役割を果たす。

垢嘗手
カビ成分で出来ていて、触れた物をカビだらけにすることができる。

―其ノ参拾玖― 不浄妖怪《ふじょうようかい》・垢嘗《あかなめ》

垢嘗は
世の不浄から
生まれた妖怪だ。

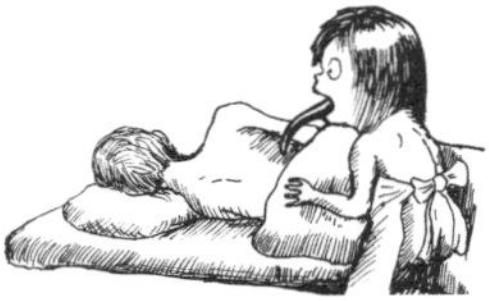

不浄なところが少ない場所では、
人の身体の垢を
舐める垢嘗も現れている。

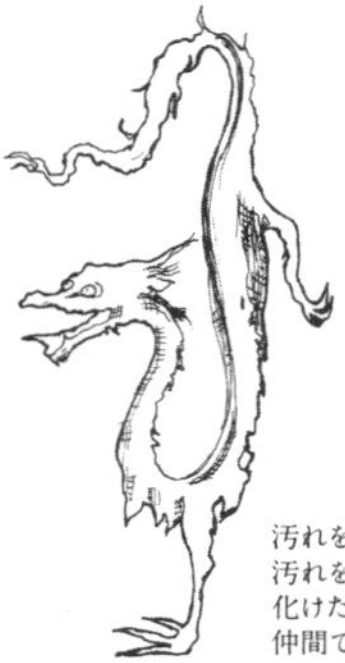

汚れを舐める妖怪・垢嘗は、
汚れを落とす道具である古い布巾が
化けた妖怪「白容裔（しろうねり）」の
仲間であるともいわれている。

風《ふ》呂《ろ》場に現れて、湯船《ゆぶね》や風呂桶《おけ》の垢を舐《な》める妖怪。「垢ねぶり」ともいう。

古い風呂屋や家屋《かおく》に棲《す》み、人が寝静まった頃に姿《すがた》を現して風呂の垢を舐め取る。

江戸時代《えどじだい》に描《えが》かれた姿絵が残るこの妖怪は、塵《ちり》や汚れから生まれたために、汚れた場所に現れ、その塵や汚れを舐め取って体内に吸収しているといわれている。故《ゆえ》にこの妖怪を発生《はっせい》させないためにも、風呂場は常にきれいに保っておかなければならないと伝えられている。

不浄を好む妖怪だけに、昭和の時代には、一年に三回以上見ると必ず病気になるとか、垢嘗に舐められた風呂に入り続けると、皮膚《ひふ》が赤く腫《は》れて、かゆくてたまらなくなるなどと記されている。

出現地域：日本全国の風呂場や銭湯、温泉地
弱点：風呂をピカピカにみがいてきれいにされること。

このように、垢嘗は陰《いん》の気より生じる負の存在と考えられているが、書物《しょもつ》によっては病気で寝たきりの人の身体の垢を嘗めおとしてくれる善い妖怪であるとも書かれている。この場合《ばあい》、「あかなめさん、きっとまた来てね」と言わないと二度と現れてくれないという。

垢嘗は、まるで肌の老廃物《ろうはいぶつ》や傷《いた》んだ角質《かくしつ》を食べてなめらかにしてくれるドクターフィッシュのような存在である。

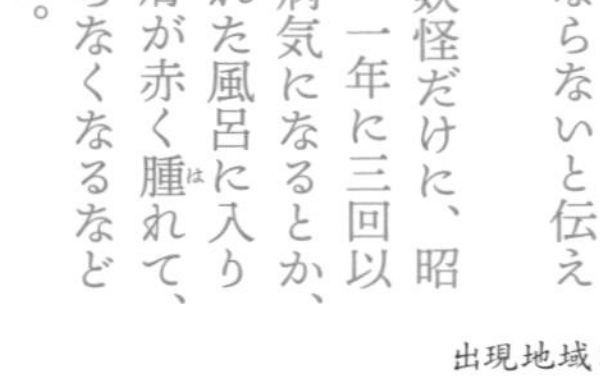

昭和に入り、公害や環境汚染が社会問題になってくると、光化学スモッグや排気ガスを吸って巨大化する垢嘗も現れ始めた。

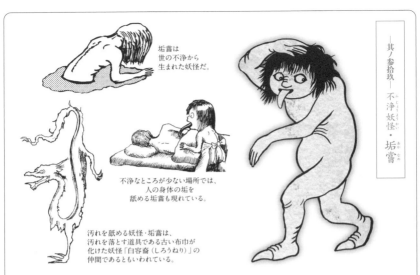

―其ノ肆拾― 幸運妖怪《こううんようかい》・座敷童子《ざしきわらし》

座敷童子には
様々な種類が存在する。
◉チョウピラコ
奥座敷に棲む色白で
最も格が高い座敷童子。
◉ノタバリコ
土間に棲む地面を
這い回る座敷童子。
◉カラコワラシ
「柄杓を貸せ」と言ってくる
座敷童子。
底を抜いて渡さないと
水で悪戯される。

座敷童子は
子供にしか姿が
見えない。

家に棲《す》む子供の妖怪。その家の盛衰《せいすい》に影響《えいきょう》を及ぼし、座敷童子のいる家は栄え、いなくなると廃《すた》れる。岩《いわ》手《て》県《けん》を中心とした東北地方での出現が多く記録されている。

世の中に起こる、人の理解を超えた出来事は、何も自然現象《げんしょう》だけに限らない。昔の人々にとって、一代で財をなす家や、逆に今まで安定していたお金持ちが突然没落《ぼつらく》することは、人智《じんち》を超えた妖怪現象ともいわれる摩訶不思議《まかふしぎ》なことだった。そんな現象の裏《うら》にいるとされているのが、妖怪・座敷童子なのだ。

姿《すがた》は様々で、男の子の場合《ばあい》も、女の子の場合もある。二人組の童女《どうじょ》の座敷童子も記録されている。普段は姿を見せないが、パタパタと歩き回る音や、箒《ほうき》で掃《は》く音をたてたり、足跡《あしあと》を残すこともあった。多少目障《めざわ》りではあるけれど、たわいもない悪戯《いたずら》をする程度なので、大切に扱われた。

現在でも遭遇《そうぐう》したという話はあり、座敷童子が棲むという旅館では、姿は見えないが、その存在を感じたという報告がいくつも伝わっている。その場所で暗視カメラが捉《とら》えた座敷童子の映像は、人の形ではなく、オーヴと呼ばれる光の球のようなものだった。

座敷童子を呼ぶ方法：
家の床下に金の玉を埋めておく。玩具やお菓子でもてなす。
ただし、いじめたり危害を加えると出ていってしまうので要注意。

遠野のある男が出会った座敷童子は童女二人組だった。二人はある旧家を出て、他の家に移るという。座敷童子が出ていった家は、しばらくして一家全員が毒キノコにあたって滅んでしまった。

其ノ肆拾

幸《こう》運《うん》妖《よう》怪《かい》――座《ざ》敷《しき》童《わら》子《し》

家に住む悪戯《いたずら》好きな子供

悪戯好き：★★★★★

幸運度：★★★★★

不気味度：★☆☆☆☆

身長
10センチほどの球体から
1メートル35センチ
体重
5グラムから
31キロ

座敷童子脳
未来の情報が再生されるオーヴ。普段は悪戯をして遊ぶことばかりを考えている。

座敷童子心臓《しんぞう》
すべての光の球体《きゅうたい》をまとめる核《かく》となるオーヴ。これだけで現れることもある。

座敷童子手
繊細《せんさい》な動きをするため、小さなオーヴが集まっている。鞠《まり》をついたり、箒《ほうき》や柄杓《ひしゃく》を使ったり、どんなことでも器用《きよう》にこなす。

※座敷童子の身体は「オーヴ」と呼ばれる光球《こうきゅう》でできている。

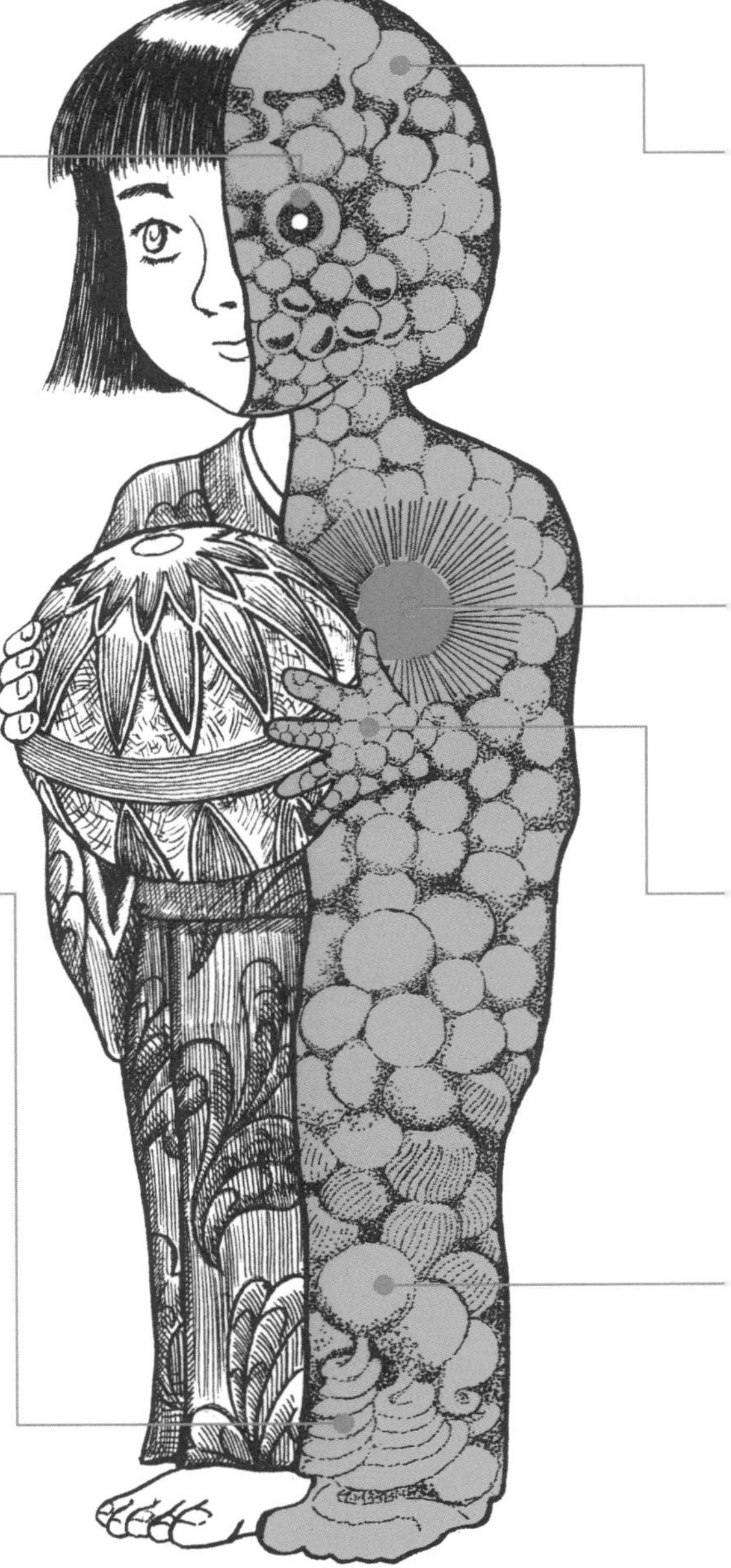

千里眼《せんりがん》

遠い未来の状況を見渡せるオーヴ。

座敷童子の姿《すがた》は光の球であるともいわれている。コロコロと転がって、身体に乗ってきたりする。乗っかられた場所は温かいらしい。

座敷童子足

パタパタと歩き回る音をさせたり、ピョンピョン跳《は》ね回ったりする。ムーンウォークも得意《とくい》。

・座敷童子の足型

姿は見えないが、朝になると囲炉裏の縁の灰が積もったところなどに十センチほどの子供の足跡《あしあと》を残していたりする。

おわりに

私が子供時代を過ごした一九七〇から八〇年代、世間にはたくさんの妖怪《ようかい》本が溢れていました。それらを友達同士で持ち寄って、妖怪について語ったり、怖がったりしていました。本に書かれた情報に詳しい子供は「妖怪博士」と呼ばれ、仲間内でも一目置かれたものです。

しかし大人になるにつれ、どうやらそこに記されていたのは、実際の伝承《でんしょう》として記録が残るものばかりではなく、著者が創作したものも多分に含まれているらしいということに気づいてきました。

やがて新たな妖怪ブームが到来。本格的に妖怪伝承について研究する方たちが現れ、近年《きんねん》はかつてを上回る数の妖怪本が出版されています。しかし、そこには、当時の私たちがかつて語り合い怖がった昭和の妖怪本の情報が載ることはほとんどなくなりました。

この本は、私が慣れ親しんだ一時代の妖怪文化の忘れ物をまとめる意図で作りました。

ここに記された情報は、私が空想で書き記したものですが、子供時代に実際に触《ふ》れた妖怪情報も盛り込んでいます。もし内容に引っかかることがあれば、調べてみることをおすすめします。

そうすることで、今まで見えなかった新たな妖怪が、見えてくるかもしれません。

二〇二一年十二月吉日

天野《あまの》行雄《ゆきお》

◉参考文献

『柳田國男全集6』柳田國男（ちくま文庫）
『妖怪事典』村上健司（毎日新聞出版）
『全国妖怪事典』千葉幹夫・編（小学館）
『日本怪異妖怪大事典』小松和彦・監修、常光徹・編、山田奨治・編、飯倉義之・編（東京堂出版）
『江戸文学俗信辞典』石川一郎・編（東京堂出版）
『図説日本未確認生物事典』笹間良彦（柏美術出版）
『47都道府県・妖怪伝承百科』小松和彦・監修、常光徹・監修、香川雅信・著編、飯倉義之・著編（丸善出版）
『妖怪お化け雑学事典』千葉幹夫（講談社）
『鳥山石燕 画図百鬼夜行』鳥山石燕、高田衛・監修、稲田篤信・編、田中直日・編（国書刊行会）
『竹原春泉　絵本百物語　桃山人夜話』多田克己・編、京極夏彦（国書刊行会）
『妖怪図巻』京極夏彦、多田克己（国書刊行会）
『妖怪なんでも入門』水木しげる（小学館）
『いちばんくわしい日本妖怪図鑑』佐藤有文（立風書房）
『東北怪談の旅』山田野理夫（自由国民社）
『おばけ文庫2　ぬらりひょん』山田野理夫（太平出版社）
『アルプスの民話　アルプス妖怪秘録』山田野理夫（ナカザワ）
『妖怪画談全集 日本篇 上』藤澤衛彦・編（中央美術社）
『日本の妖怪大百科』長潟謙彰・編（勁文社）
『妖怪・幽霊大百科』（勁文社）
『世界の妖怪オール百科』竹内義和、聖咲奇（小学館）
『大妖怪伝説』中岡俊哉（二見書房）
『お化けの図鑑　妖怪がとび出す』佐藤有文（ベストセラーズ）
『世界のモンスター』山内重昭（秋田書店）
『日本怪談集　妖怪篇』今野圓輔（社会思想社）
『幻想世界の住人たちⅣ〈日本編〉』多田克己（新紀元社）
『図説　妖怪画の系譜』兵庫県立歴史博物館・編、京都国際マンガミュージアム・編（河出書房新社）
『岡山の妖怪事典　妖怪編』木下浩・編著（日本文教出版）
『江戸怪談集 上・中・下』高田 衛（岩波書店）
『虫の民俗誌』梅谷献二（築地書館）
『動物妖怪譚　上・下』日野巌（中央公論新社）
『植物怪異伝説新考　上・下』日野巌（中央公論新社）
『茶の民俗学』中村羊一郎（名著出版）
『遠野のザシキワラシとオシラサマ』佐々木喜善（中央公論新社）
『余呉の民話』余呉町教育委員会・編（余呉町教育委員会）
『亀城下異談』臼杵妖怪共存地区管理委員会臼杵ミワリークラブ・編（臼杵ミワリークラブ）
『日本の幻獣　未確認生物出現録』川崎市市民ミュージアム・編（川崎市市民ミュージアム）
『日本の怪獣・幻獣を探せ！』宇留島進（廣済堂出版）
※
「怪異・妖怪伝承データベース」（国際日本文化研究センター）
https://www.nichibun.ac.jp/YoukaiDB/
「アニメ・ゲゲゲの鬼太郎（6期）公式ホームページ」（東映アニメーション）
https://www.toei-anim.co.jp/kitaro/

◉Staff

文と絵／天野行雄
ブックデザイン／結城亨（SelfScript）
協力／式水下流、日本物怪観光（https://mononoke-kanko.amebaownd.com/）

著者紹介

天野行雄 yukio AMANO

1970年岡山県生まれ。妖怪造形家。アートユニット「日本物怪観光」主宰。イラストや立体作品などで日本各地の妖怪を紹介するほか、妖怪関連の書籍で装画や挿絵を手がける。著書に、日本物怪観光の活動を記録した『隅田川の妖怪教室』（講談社）ほか。またイラストを提供した書籍に『妖怪探検図鑑』（あかね書房）、『怪しくゆかいな妖怪穴』（毎日新聞社）などがある。

空想 妖怪解剖図

2021年12月15日　第1刷発行

著者_天野行雄
発行人_見城 徹
編集人_菊地朱雅子
編集者_茅原秀行

発行所_株式会社 幻冬舎
〒151-0051 東京都渋谷区千駄ヶ谷4-9-7

電話_03(5411)6211(編集)
03(5411)6222(営業)
振替_00120-8-767643

印刷・製本所_図書印刷株式会社

検印廃止

万一、落丁乱丁のある場合は送料小社負担でお取替致します。小社宛にお送り下さい。
本書の一部あるいは全部を無断で複写複製することは、
法律で認められた場合を除き、著作権の侵害となります。定価はカバーに表示してあります。

©YUKIO AMANO, GENTOSHA 2021
Printed in Japan
ISBN978-4-344-03889-9　C0095
幻冬舎ホームページアドレス　https://www.gentosha.co.jp/

この本に関するご意見・ご感想をメールでお寄せいただく場合は、
comment@gentosha.co.jpまで。